Adonis
Gewalt und Islam

Im Gespräch mit

Houria Abdelouahed

Übersetzung aus dem Französischen von

Christine und Neïl Belakhdar

sujet verlag

Originalausgabe:
Violence et Islam. Entretiens avec Houria Abdelouahed
Éditions du Seuil, Paris, Nov. 2015

CIP - Titelaufnahme in die Deutsche Nationalbibliothek

Adonis
Gewalt und Islam. Ein Gespräch mit Houria Abdelouahed
Aus dem Französischen von Christine und Neil Belakhdar
ISBN 978 3 944201 87 0

Umschlaggestaltung: Ina Dautier
Satz und Layout: Sujet Verlag
Lektorat: Radouane Belakhdar
Korrektorat: Alex Kind, Anna Tacke
Druckvorstufen: Sujet Verlag, Bremen
Printed in Europe
1. Auflage 2016

www.sujet-verlag.de

Zur Angabe von Jahreszahlen in dieser Ausgabe:

Die Zeitrechnung des islamischen Kalenders beginnt mit der Hidschra, der Übersiedelung Mohammeds von Mekka nach Medina im Jahr 622 n. Chr. Da der islamische Kalender anders als der gregorianische Kalender der christlichen Zeitrechnung ein Mondkalender ist, lassen sich Jahreszahlen nicht einfach durch die Addition oder Subtraktion von 622 errechnen. Die deutsche Übersetzung hat die doppelte Angabe der Jahreszahlen dort übernommen, wo sie auch im französischen Original zu finden ist. Die erste Zahl bezeichnet das Jahr n. d. H. (= nach der Hidschra), die zweite das Jahr n. Chr.

Zu den zitierten Textstellen des Koran in dieser Ausgabe:

Die hier benutzte Übersetzung des Korantextes ist der Reclam Ausgabe in der Übersetzung von Max Henning entnommen. Die erste Zahl der Quellenangabe bezeichnet die Sure, die zweite den Vers.

Hinweis

Dem Tod des Propheten Mohammed folgten die Gründung des ersten Kalifats und der Übergang des Islam zu einem politischen Regime. Die Religion war ein Mittel im Kampf um die Macht. Das in Eintracht mit seinem Propheten lebende Volk erlebte Zwiste, Hader und Kriege. Auf diese Weise glitt der Islam in einen ideologischen Krieg und die Auslegung des Koran erfolgte je nach Interessenkonflikt. So entstand die Kultur des Hadîth und der Idschma (Konsens).
Der heutige Islam ist dieser historische Islam.

Im vorliegenden Buch geht es um eben diesen Islam und die sich daraus ergebende Kultur. Um jegliches Missverständnis aus dem Weg zu räumen, soll es hier lediglich um den politischen Islam von der Gründung des ersten Kalifats an bis zum heutigen Tage gehen.

In einem späteren Buch hoffen wir, die Gewalt im Islam von einem philosophischen und psychoanalytischen Blickwinkel beleuchten zu können.

Paris, August 2015
Adonis und Houria Abdelouahed

Ein Frühling ohne Schwalben

H: Adonis, wie lässt sich das Scheitern des arabischen Frühlings erklären?

A: Zu Anfang ließ die arabische Erhebung an ein Erwachen denken. Ein sehr schönes Erwachen. Doch die Ereignisse, die dem sogenannten arabischen Frühling folgten, zeigten, dass es sich nicht um eine Revolution, sondern um einen Krieg handelte, und dass dieser, anstatt sich gegen die Tyrannei zu erheben, selbst zu einer Tyrannei wurde. Selbstverständlich gab es verschiedene gewaltlose Oppositionsbewegungen. Doch sie wurden von der Gewalt überrollt, die dem Beginn des Aufstands folgte. Diese Revolution zeigte zudem, dass sie konfessioneller, tribalistischer und nicht zivilgesellschaftlicher Natur war, muslimisch und nicht arabisch. Doch der Zustand der arabischen Gesellschaft sollte sich radikal verändern.

H: Unter radikal verstehe ich eine Veränderung auf politischer, sozialer, ökonomischer und kultureller Ebene.

A: Das ist völlig richtig. Das Problem besteht darin, dass sich diese Veränderung an den ewigen Fragen der Religion und der Macht stößt. Die ihrer Rechte beraubten Völker dachten lediglich daran, die bestehende Macht zu stürzen, ohne sich hinreichend mit den Fragen nach den Institutionen, der Bildung, der Familie, der Freiheit des Individuums und der Frau insbesondere auseinandergesetzt zu haben. Im Grunde fehlte es an einer Reflexion über die Art und Weise, wie eine Zivilgesellschaft, d.h. eine Gesellschaft von Bürgern zu gestalten sei.

H: Der Fehler hätte also darin bestanden, dass die von der politischen Macht unterdrückten Individuen keine echte Veränderung herbeiführen konnten und nicht in der Lage waren, die jedem Wechsel innewohnende Komplexität gedanklich einzubeziehen.

A: Genau. Es fehlte eine Zielvorstellung: Man kann nicht in einer Gesellschaft wie der arabischen eine Revolution anfachen, wenn diese nicht auf dem Laizismus beruht. Des Weiteren war die organische Allianz zwischen den Rebellen, die sich auf diese sogenannte Revolution beriefen, und den ausländischen Kräften ein zweiter Fehler. Denn anstatt unabhängig zu agieren, gingen die Rebellen mit diesen ein Bündnis ein.

H: Ersuchten die Aufständischen um die Intervention des Westens oder machte sich der Westen diese Situation zunutze, um Einfluss auf den Verlauf einer Revolte ausüben zu können?

A: Beides. Und die Folgen sind verheerend. Die Allianz mit dem Ausland hat dieser Bewegung geschadet. Zudem spielte die bewaffnete Gewalt eine große Rolle beim Scheitern der Revolution. Modernste Waffen kamen zuhauf von außerhalb. Es ist kein Geheimnis, dass die Aufständischen ohne die Hilfe ausländischer Kräfte nicht über diese Waffen verfügt hätten, mit folgendem Ergebnis: Anstatt die diktatorischen Regime zu destabilisieren, zerstörten sie ihr Land.

H: Nehmen wir jedoch das Beispiel Syrien, da hat doch das Regime selbst ein regelrechtes Gemetzel veranstaltet und an der Zerstörung teilgenommen.

A: Richtig. Doch eine Revolution, die eine Veränderung herbeiführen möchte, kann nicht das eigene Land zerstören. Es stimmt, dass das Regime Gewalt anwandte, doch hätten die Rebellen verhindern müssen, dass das Land im Chaos versinkt. Und zu allem Überfluss ist der Fundamentalismus sogar noch besser organisiert und grausamer daraus hervorgegangen. Der Wunsch nach besseren

Zeiten führte uns in den Obskurantismus, anstatt einer hoffnungsträchtigen Veränderung erleben wir nunmehr ein regelrechtes Desaster. Außerdem gibt es kein Wort, kein einziges Wort über die Freiheit der Frau. Kann man über eine arabische Revolution sprechen, wenn die Frau noch immer Gefangene der Scharia ist? Die Bezugnahme auf die Religion verwandelte diesen Frühling in eine Hölle, da sie zugunsten ideologischer Zwecke ausgelegt und benutzt wurde.

H: Haben die religiösen Kräfte von der instabilen Lage profitiert, um die Revolution zu stürzen oder bleibt der arabische Muslim in seinem tiefsten Inneren religiös verwurzelt?

A: Eine Revolution sollte eigentlich ein Spiegelbild der Revolutionäre sein. Die Kultur der Revolutionäre selbst, ihre Beziehung zum Laizismus, ihre Sicht, die sie von der Welt und den weltlichen Dingen haben, ist maßgebend für die Bedeutung einer Revolution in einem Land. Was sich im Namen der Revolution in den arabischen Ländern abspielte, ist ein Beweis dafür, dass die große Mehrheit der arabischen Gesellschaften immer noch von Unwissenheit, Analphabetismus und religiösem Obskurantismus beherrscht wird. Eine Revolution, die in Obskurantismus verfällt, hat nichts von einer wahren Revolution. Das ist eine Katastrophe, weil wir anfangs den Weg in eine verheißungsvolle Zukunft eingeschlagen hatten, heute jedoch in die entgegengesetzte Richtung gehen. Das ist ein regelrechter Rückschritt.

H: Ein Rückschritt, bei dem an Althergebrachtes und bereits Bekanntes angeknüpft wird. In deinem Buch Al-Kitâb III heißt es:
„Aleppo – wie oft lehntest du dich auf. Das Schwert enthauptete deine rebellischen Söhne […]
Wie oft umarmtest du die Tyrannen!"
Beim Lesen dieser Zeilen könnte man glauben, es handele sich um das heutige Aleppo. Welche Bedeutung hat deiner Meinung nach diese Wiederholung der Geschichte? Wie erklärt sich diese fünfzehn Jahrhunderte währende Unterwerfung unter das Gesetz des Schwertes?

A: Allzu oft wird über den arabischen Frühling gesprochen, als wäre er losgelöst von der Vergangenheit. Dabei hat er zweifellos etwas mit unserer Geschichte zu tun. Man vergisst erst einmal, dass wir zuvor viel radikalere Umwälzungen durchlebt hatten als die, die uns durch den arabischen Frühling versprochen wurden. Insbesondere die der Sinjara[1], der „Revolte der Schwarzen". Dann gab es die

1 Die Revolte der Sinjara begann im Jahre 255 n. d. H. in der Zeit des Abbassiden-Kalifats. Die Rebellen lehnten sich gegen die soziale und ökonomische Diskriminierung auf. Sie gründeten im Süden von Bassora einen Staat, der von den Machthabern jedoch niedergeschlagen wurde.

Revolution der Qarmaten[2], die ein System errichten wollten, das man heute als sozialistisch bezeichnen würde. Ohne von den kleinen Umwälzungen zu sprechen, die nach Freiheit und Gleichheit der Rechte trachteten. Diese kleinen und großen Umwälzungen waren bedeutender und radikaler als der arabische Frühling.

H: Das kann ich bezeugen: In meiner Grund- und Oberstufenzeit in Marokko habe ich weder etwas über die Sinjara noch über die Qarmaten gehört. Die Schulbücher überlassen uns der Unwissenheit. Erst während meines Studiums in Frankreich entdeckte ich diese unglaublichen Protest- und Kampfbewegungen gegen die Herrschenden und gegen die ethnische und soziale Diskriminierung.

A: Das Problem ist, dass unsere Geschichte die Geschichte einer Diktatur und nicht die eines Volkes ist. Genauso wie unsere Kultur die Kultur der Machthaber und des herrschenden Regimes ist. Man spricht weder vom Volk noch von seiner Revolte und erst recht nicht von seinen Zielen. Immer und ewig bezieht man sich auf die Machthaber und Gottes Kalifen und dabei

2 Dissidentenbewegung in der Zeit der Fatimiden-Herrschaft, die 899 n. Chr. einen Staat gründete. Die Qarmaten begründeten eine nahezu sozialistische Doktrin, die auf der Achtung der Arbeit und der gerechten Verteilung des Geldes basierte. 317 n. d. H. drangen sie in Mekka ein und nahmen den Schwarzen Stein mit, den sie zwanzig Jahre später gegen eine hohe Geldsumme zurückerstatteten. 1027 n. Chr. wurden sie endgültig vernichtet.

werden die Rechte der Bürger völlig außer Acht gelassen.

H: Um diese Kapitel der Geschichte der Araber zu verstehen, bedarf es schon einer großen Neugier und einer Vorliebe für subversive Lektüre. Die firaq bâtinîya (die Batiniten-Bewegungen[3], die eine politische Vision hatten, und zu denen die Qarmaten gehörten) werden in der Schule nicht gelehrt. Und da in den Universitäten der Geheimdienst ein- und ausgeht, findet ihr Name auch hier keine Erwähnung.

A: Die Qarmaten forderten Gleichheit, Teilung der Reichtümer und den Kampf gegen Armut und Elend. Sie waren fortschrittlich und strebten eine Art Sozialismus an. In ihrer Vorstellung würde das arbeitende Individuum zum Reichtum der Staatskassen beitragen, und je nach geleisteter Arbeit und den jeweiligen Bedürfnissen entlohnt werden.

H: Pioniere des Marxismus. Das war eine Revolte gegen das Vorgehen von Othman, dem dritten Kalifen, Mohammeds Schwiegersohn, der seine Familie und die künftigen Umayyaden über Gebühr bereicherte.

A: Man könnte meinen, dass sie sich gegen die Herrschaftspraxis der ersten Kalifen auflehnten.

3 Bewegungen, die als äußerst gefährlich galten, da häretisch.

H: Othman, der zweifache Schwiegersohn Mohammeds, setzte sich über sein Volk, sobald er Kalif wurde. Der Vertreter Gottes auf Erden entwickelte sich zum ungerechtesten aller Menschen.

A: Aus diesem Grund wurde er 656 (n.Chr.) in Medina ermordet. Die Revolution gegen Othman rief Aufständische aus Mekka, Kufa (im Irak) und aus Ägypten auf den Plan. Diese Revolte war Ausdruck eines hohen politischen Bewusstseins.

H: Die Sinjara kämpften gegen Rassismus und soziale Ausgrenzung.

A: Die Sinjara waren gegen die Knechtschaft. Sie riefen zur Abschaffung der auf dem Unterschied zwischen den „Rassen“ beruhenden sozialen Diskriminierung auf. Sie bekannten sich zur Gerechtigkeit für alle, verteidigten die Idee von Teilhabe und Gleichberechtigung, die unabhängig von Hautfarbe und sozialer Zugehörigkeit gelten sollten. Ihre Revolte wurde von diesen Bestrebungen getragen. Sie waren viel radikaler und weiter in ihren Vorstellungen und Forderungen als die Aufständischen des Arabischen Frühlings.

H: Aber sie wurden besiegt und ausgerottet. Ausrottungen sind Teil der Geschichte des Islam. Das zeigen uns die historischen Quellen, auf die sich Al-Kitâb stützt.

A: Spricht man in diesem Zusammenhang vom Islam, sind zwei Ebenen zu unterscheiden: die theoretische, eng an die Macht geknüpfte Ebene, sowie die praktische. Die erste Ebene bleibt unverrückbar. Der Islam beruht auf den folgenden drei Aspekten: Erstens, der Prophet Mohammed ist das Siegel aller Propheten. Zweitens, die offenbarten Wahrheiten sind folglich absolute Wahrheiten. Drittens, das Individuum bzw. der Gläubige hat dem nichts hinzuzufügen noch hat er etwas daran zu ändern. Er hat sich damit zu begnügen, den Weisungen zu gehorchen. Die Machthaber wachten im Laufe der Geschichte stets über die Unverrückbarkeit und den Fortbestand der soeben erwähnten religiösen Auffassung.

H: Wie eine Katze, die sich in den Schwanz beißt: Der König beruft sich auf den Himmel und der Himmel wird von einem König verteidigt, der die Weisungen des Himmels befolgt.

A: Haben wir uns überhaupt mit dem Ausdruck „Der Kalif ist der Vertreter Gottes" beschäftigt? Man kann doch nicht Vertreter Gottes sein, das ist gegen die Vorstellung des Göttlichen selbst. Es sei daran erinnert, dass der Prophet sich selbst als „Diener Gottes und Seines Gesandten" bezeichnete.

H: Der König ist der Vertreter auf Erden...

A: Der Mensch kann logischerweise nicht der Vertreter Gottes auf Erden sein. Der Kalif kann der Vertreter des Propheten sein. Und besagter Prophet könnte, wie jeder Mensch, Fehler begehen. Zu sagen, der Kalif sei der Vertreter Gottes, hieße, dass er Gott auf Erden ist.

H: Umso mehr, als dass sich der Kalif für unfehlbar erklärt. Daraus resultiert vielleicht die Nicht-Revolte. Den Kalifen oder den Monarchen zu erzürnen, hieße, Gott zu erzürnen.

A: Jeder Mensch, der sich dem Stellvertreter Gottes entgegenstellt, wird als Renegat bezeichnet. Des Weiteren hat der Islam die Kulturen bekämpft, die es vor ihm gab. Er hat ein monochromes, jeglicher Pluralität entbehrendes Bild von der Welt gezeichnet. Eine Vorstellung, deren Divise lautet: Kein Wille, kein Gesetz und kein Vorhaben kann es mit dem Bild des Stellvertreter Gottes aufnehmen. Was heißen soll: Es gilt nicht, von einer besseren Zukunft zu träumen, sondern sich buchstäblich dieser orthodoxen und dogmatischen Vision der Welt unterzuordnen, die seit dem Beginn des Islam herrscht.

H: Das hieße also, dass die Vergangenheit ein unumstößliches und nicht zu übertreffendes Ideal ist. Das Bewusstsein, im Schoße der Vergangenheit zu leben, nimmt dem arabischen Individuum jegliche Möglichkeit, eine Revolution auszurufen.

A: Wenn es eine Zukunft gibt, dann liegt sie in der Vergangenheit. Das erklärt den Wiederholungszwang. Unablässig werden die Relikte der Vergangenheit bemüht. Unsere Gegenwart wird mit der Vergangenheit verwechselt. Dennoch sollten wir nicht vergessen, dass es auch in der arabischen und muslimischen Welt schon immer und auf allen Gebieten Neuerer gab. Allerdings machten sich diese nie das von den Kalifen und Monarchen praktizierte religiöse Dogma zu Eigen.

H: Aber du sagst auch, dass diese großen Neuerer stets von der politischen Macht bekämpft wurden.

A: Das stimmt. Alle kreativen Geister, all jene, die etwa auf dem Gebiet der Dichtung, Philosophie oder Musik wirkten, diejenigen, die die islamische oder die arabische Kultur errichteten, waren keine Muslime im traditionellen Sinne des Wortes. Große Dichter wie Abû Nûwas[4], al-Mutannabbi[5], al-Ma'arrî[6] usw. waren beispielsweise gegen die offizielle Religion. Und keiner der Philosophen war im eigentlichen Sinne religiös oder gläubig. Diejenigen, die die islamische Kultur gründeten, überführten den Islam in ein Dogma. Hier müsste eine Debatte einsetzen.

H: Es ist nun an uns, die Fundamente unserer Religion einer neuen Analyse zu unterziehen, und zwar in Bezug auf die Frauenfrage, die Sklaverei, Adoption, das Kindesrecht, aber auch auf die Frage der Rolle des Einzelnen in der Gesellschaft und des Gesellschaftskonzepts als solches. Eine Revolution, die das Entstehen von Daesch[7] und seinen Grausamkeiten begünstigte, macht eine Neubeurteilung unserer Geschichte erforderlich.

A: Angesichts dessen lässt sich sagen, dass dieser Arabische Frühling weder etwas mit einer Revolution noch mit der Befreiung der Völker zu tun hat, er ist dem Obskurantismus anheimgefallen,

---

4 Abû Nûwas ist persischer Herkunft. Er lebte im Palast von Hârûn als-Rashîd und seiner beiden Söhne. Er starb 197/813.

5 Abû at-Tayyib Ahmad ibn al-Husayn al-Jûfi, genannt al-Mutanabbi. Geboren in Kufa und ermordet 354/965 auf dem Rückweg von Bagdad.

6 Al-Ma'arrî. Dichter und Philosoph, geboren 363/973 in Syrien, gestorben 449/1057.

7 Daesch. Abwertender Begriff für den sogenannten „Islamischen Staat", welcher den Herrschaftsanspruch nicht anerkennt, den die Terrororganisation mit Bezeichnungen wie „IS" oder „ISIS" formuliert.

und unterscheidet sich in den meisten Fällen in seinem Ergebnis kaum von anderen diktatorischen Regimen in der arabischen Welt. Daesch und Al-Nusra, um nur diese zwei Gruppen zu nennen, sind ebenso grausam, wenn nicht sogar grausamer. Obendrein haben die arabischen Regime gezeigt, dass sie nur Werkzeuge in den Händen ausländischer Kräfte waren, nicht mehr als Marionetten, eingebunden in eine Strategie und in Größenordnungen, die sie nicht überblickten. Es gibt einen ökonomischen und strategischen Konflikt zwischen den Amerikanern und Europäern einerseits und China, Russland und anderen Ländern andererseits.

H: Die ewigen wirtschaftlichen und politischen Interessen.

A: Genau. Vergessen wir nicht, dass aus den meisten politischen Diskursen und Entscheidungen klar zutage tritt, dass Saudi-Arabien und Katar die ersten Financiers und Lieferanten von Waffen gegen das syrische System waren. Fest steht: Es handelt sich eher um politische und strategische Interessen denn um eine Revolution.

H: Es begann mit der Selbstverbrennung des – in seiner Würde verhöhnten – Mohammed Bouazizi, und endete in einer Verwicklung der Araber in eine Kriegsmaschinerie.

A: Als sei der dringlichste Grund nicht der Sturz der Regime zur Errichtung der Demokratie und zur Befreiung des Volkes gewesen, sondern wirtschaftliche Bereicherung und strategische Kontrolle. Alle Regime, die einen wie auch immer gearteten Widerstand an den Tag legten, wurden beseitigt. Dabei spielten die Saudis und Kataris unbestreitbar eine Rolle in dem Desaster, in dem die arabische Welt heute steckt.

H: Auch ist die Rede davon, die Karte der arabischen Welt neu zu zeichnen. Es begann mit der Demontage des Irak, dann Libyens, anschließend Syriens und nun der Krieg gegen den Jemen.

A: In der Tat haben wir es mit einem offenkundigen strategischen Aspekt und der Absicht zu tun, die Karte des Nahen Ostens neu zu gestalten. Dies hängt nicht minder mit der im Islam vorgenommenen Spaltung von Sunniten und Schiiten zusammen, sowie mit dem damaligen Konflikt um das Kalifat bzw. die Machtfrage. Die Westmächte machen sich diesen Konflikt zu Nutze, um die Regime entsprechend ihren eigenen Interessen zu beeinflussen.

H: Das ist hochkomplex, denn all diese – strategischen, wirtschaftlichen, politischen und religiösen – Aspekte sind miteinander verwoben. Aber ich habe den Eindruck, dass wir den psychologischen Aspekt außer Acht lassen. Mesopotamien ist und bleibt die Wiege der Zivilisation. Menschen werden getötet und alle Relikte aus vorislamischen Zeit, alle Spuren der Vergangenheit vernichtet. Diese Vernichtung ist dem triebhaftesten aller Triebe, dem Zerstörungstrieb geschuldet.

A: Absolut. Diese Region der Welt wird strategisch und kulturell in einem Maße verwundet, der einer Vernichtung gleichkommt. Das Ergebnis des Arabischen Frühlings ist schon jetzt ein völliger Bankrott.

Von der Notwendigkeit einer neuen Lesart: Geschichte und Identität

H: „Der Beruf eines Historikers wäre es, eine 'wahre' Version der Geschichte vorzulegen, damit man sich die Vergangenheit 'bestmöglich' vorstellen kann. Eine von der Gegenwart losgelöste Vergangenheit, und die im Prinzip den Glauben vermittelt, dass es Zeitdiskontinuitäten und -differenzen gibt[8]." Wie kann es sein, dass es der arabischen Welt selbst heute noch an historischer Aufarbeitung im modernen Sinne des Wortes fehlt, dass unsere Referenzen Tabarî[9] und Ibn Kathîr[10] bleiben, Historiker aus den ersten Jahrhunderten der Hidschra, die Geschichte und Legende nicht auseinanderzuhalten vermochten? Warum gelingt es uns nicht, dieses Terrain zu entstauben und modernere Lesarten der Geschichte zu entwickeln?

A: Noch nicht einmal im Bereich der Poesie haben

---

8 Marcel Detienne: *L'Identité nationale, une énigme*. In der Reihe: Folio. Paris: Gallimard, 2010.

9 Tabarî. Historiker und Theologe. Wahrscheinlich 839 n. Chr. in Tabaristan geboren und 923 in Bagdad gestorben.

10 Ibn Kathîr. Korankommentator. 701 n. d. H. in Syrien geboren, gestorben 774.

die Araber ein Buch über die Ästhetik der arabischen Sprache und ihre Besonderheit verfasst. Es fehlt der Wille zu Forschung und Innovation. Als mangelte es den Arabern von heute an der Fähigkeit des Hinterfragens. Vom geschichtlichen Standpunkt aus gesehen, schaffen sie es nicht, den sogenannten ersten arabo-muslimischen Staat objektiv zu beurteilen, der auf Machtausübung und Stammeszugehörigkeit gründete. Das Stammeskonzept lässt keine Pluralität zu. Quraisch, der Stamm Mohammeds, in dessen Händen das Kalifat nach seinem Tod lag, ist eine einzige Familie; eine Familie, die einen Staat gegründet hat. Von Saqîfa[11] aus. Sogar die Ansâr[12], die Mohammed gegen die Feinde der Quraisch unterstützten, wurden durch die Sprache des Schwertes an der Ausübung der Macht gehindert. Die Ansâr schlugen eine Form von Koalition vor. Sa'd ibn 'Ubâda al-Ansâr forderte eine Teilung der Macht. Sagen wir mal, eine Form von Demokratie, die eine Beteiligung am politischen Leben auf Augenhöhe mit den Quraischiten vorsah, die jedoch, wie auch 'Umar, die Idee einer Teilung ausschlugen. Sa'd wurde angegriffen und mit den anderen Ansâr aus Saqîfa vertrieben. Die Macht ging ausschließlich an den Stamm der Quraischiten, und ist bis heute eng mit dem Stammesdenken verbunden.

---

11 Saqîfa. Ort nord-westlich der Moschee von Medina. Dort versammelten sich die Muslime nach dem Tod von Mohammed, um den neuen Anführer der muslimischen Gemeinschaft zu bestimmen.

12 Ansâr bedeutet „Anhänger Mohammeds". Bewohner von Medina, die Mohammed und die ersten Muslime aufgenommen hatten.

H: Aber warum wurde die Geschichtsschreibung nicht modernisiert? Haben denn die Intellektuellen seit der anfänglichen Renaissance der arabischen Welt Ende des 19. und Anfang des 20. Jahrhunderts keine moderne Lesart der alten Texte entwickelt?

A: Als ich Ath-thâbit wa'l mutahawwil[13] schrieb, kritisierten mich die Akademiker, weil ich die Geschichte auf eine andere Art las oder interpretierte. Und um die Bedeutung meines Werks zu schmälern, beschuldigten sie mich, ein Schiit zu sein, der die Geschichte der Araber deformieren wollte. Anders gesagt, meine Lesart wäre demnach nicht das Ergebnis einer persönlichen Reflexion und Forschung, ja eines wahrhaften Wunsches, mit den traditionellen, ärmlichen und repetitiven Lesarten zu brechen, sondern lediglich von meiner „Feindschaft gegenüber den Sunniten" diktiert. In diesem Werk sprach ich vom sunnitischen Staat und den Revolutionen im Laufe der Geschichte, die sich gegen den genannten Staat richteten. Doch die Akademiker, die mich angriffen, bemühten sich nicht um Gegendarstellungen zur Entkräftung meiner Thesen bzw. Standpunkte. Sie hängten sich an meinem Geburtsort auf. Da sprach wieder der Stammesgeist, und nicht die Objektivität des Forschers.

13 Adonis: *Das Feste und das Bewegliche* [Ath-thâbit wa'l mutahawwil], 4 Bände. Beirut: Dâr As-Sâqiî, 1973.

H: Als ob deine Untersuchung einem ideologischen Interesse entsprang. Hast du dich verteidigt?

A: Ich habe mich nicht verteidigt, auch wenn es mich sehr traf, dass meine Arbeit falsch gelesen und interpretiert wurde. Mit der Zeit aber änderte sich die Rezeption dieses Buches. Die Menschen gingen ´mit weniger Vorbehalt an die Lektüre.

H: Es wurde sogar ins Indonesische übersetzt und fand großen Anklang. Was du über Ath-thâbit wa'l mutahawwil erzählst, erinnert mich an Taha Hussein und sein Buch Fî ash-shi'r al-jâhili (Von der vorislamischen Poesie). Da er zum Verständnis der vorislamischen Poesie an den cogito appellierte, stieß er auf herbe Kritik und musste sein Werk umschreiben, obwohl er weder Kritik an der Religion übte noch den Inhalt der Koranverse anzweifelte.

A: Leider muss man feststellen, dass das arabische Denken, selbst das modern genannte, dogmatisch und dem Stammesdenken verhaftet bleibt, demzufolge alles wie vorher, unbeweglich und unverändert bleiben sollte. Was wir 'asr an-nahda (Renaissance) nannten, erwies sich als falsche Renaissance. Aber man kann die Geschichte weder neu lesen noch sie analysieren, noch vorankommen, wenn es nicht gelingt, mit dem religiösen Geist und der Stammesmentalität zu brechen.

H: Was Taha Hussein zustieß, macht eines deutlich. Im Grunde wird der kritische Geist verurteilt und nicht der Zweifel am Inhalt der vorislamischen Verse.

A: „Der politische Islam, der Regime-Islam" entstand als politische und ökonomische Macht. Und ohne das Stammesdenken hätte er nicht einen solchen Aufschwung erfahren. Der Islam, der seine Stärke unter anderem aus eben diesem Stammesdenken schöpfte, wurde rasch zu einem Mittel für Machterhalt und Eroberungen.

H: Mit „rasch" meinst du: ab dem Tod des Propheten?

A: Ja, ab dem Tod des Propheten. Das Drama begann, wie bereits erwähnt, in Saqîfa. Eigentlich treibt Saqîfa noch immer sein Unwesen im arabischen Raum, lässt ihn nicht mehr los. Saqîfa ist unser Leichentuch. Der arabo-muslimische Krieg währt seit dem 13. Jahrhundert. Das Drama ist und bleibt aktuell. Wir haben das Mittelalter noch nicht überwunden.

H: In *L'Identité nationale, une énigme*, schreibt Marcel Detienne: „[…] aus seinem eigenen Ort hervorgehen, dessen Produkt sein, und, warum nicht?, Akteur seiner eigenen Geschichte sein". Ich habe den Eindruck, dass es etwas in unserer Geschichte gibt, das uns daran hindert, Akteur unserer eigenen Geschichte zu sein.

A: Wir erwähnten das religiöse Hindernis. Weil sich der Islam nämlich von Anbeginn als vollkommen wähnt, bekämpft er alles, was ihm vorausging und nach ihm kam. „Alles" heißt: Philosophie, Kunst, Denken, Kreativität, Weltanschauung usw. Das Denken wurde abgeschafft, die Kunst verdammt, und das einzige Licht, das uns bleibt, ist das von der regierenden Macht gepriesene. Das Drama von Saqîfa währt bis heute. Warum führt Saudi-Arabien einen Krieg gegen den Jemen? Dieser Krieg ist tief mit dem Stammesdenken in unserer Geschichte verwurzelt. Aber anstatt die Gründe für eine solche Verheerung zu analysieren, gaben wir uns damit zufrieden, uns immer wieder in Kriege zu verwickeln, ohne den Ursachen für deren Entstehung auf den Grund zu gehen. Die traditionelle Kultur verlangt „Mitläufer" (tâbi'), und nicht Fragende. Fragen an unsere Geschichte sind nicht erwünscht. Wiederholen und replizieren dafür umso mehr.

H: Und möglichst deckungsgleich.

A: Deckungsgleich, denn die Perfektion wurde bereits erreicht. Diese Perfektion als das bis heute einzig gültige Modell ist in der Vergangenheit enthalten. Wir sind dazu aufgerufen, eine einwandfreie Übereinstimmung mit der Vergangenheit aufrechtzuerhalten. Deshalb reduziert sich die Identität auf eine Wiederholung. Wenn du Muslim oder ein Arabo-Muslim sein möchtest, dann bleibt nur die Nachahmung der Perfektion der Geschichte.

H: In der Psychoanalyse nennen wir diesen Zustand „eine nicht vergehende Zeit". Es ist eine in Stein gemeißelte Zeit einer leidenden Psyche. Daesch allerdings wiederholt lediglich die dunkle Seite der Geschichte. Daesch lässt weder das Genie eines Averroès[14], eines Alhazen[15] oder eines Ibn 'Arabî[16], noch den Mut zum Streitgespräch der Gruppe der Mu'tazila[17] wiederaufleben.

A: Daesch ahmt nach, was machtbezogen ist und nicht was dem Denken oder Forschen entspringt. Dies ist ein Grund mehr, um zu behaupten, dass wir

---

14 Averroès (Ibn Rushd). 520/1126 in Cordoba geboren, 1198 in Marrakesch gestorben. Wichtiger Kommentator von Aristoteles.

15 Alhazen (Ibn al-Haythem). Einer der wichtigsten arabischen Mathematiker und zweifellos der beste Physiker. 354/965 in Bassora geboren, gestorben 430/1039.

16 Ibn 'Arabî. Mystiker und Autor eines umfangreichen Werks. Geboren 560/1165 in Marci, gestorben 638/1240.

17 Mu'tazila. Eine Gruppe, die zu Beginn des 2. Jh. der Hidschra in der Stadt Bassora entstand und eine erstklassige spekulative Denkschule darstellte

Saqîfa noch immer nicht überwunden haben, dass der Geist von Saqîfa unseren Alltag beherrscht und lenkt. Demnach ist Identität eine bloße Wiederholung. Sie ist ein Erbe und nicht das Ergebnis einer Wahl. Das Individuum wird als Arabo-Muslim oder Muslim geboren. Innerhalb dieses Arabo-Muslim-Seins ist es Sunnit und nicht Schiit, oder Schiit und nicht Sunnit. Die arabische Geschichte ist ein fortwährender Krieg.

H: Die ursprüngliche arabo-muslimische Gesellschaft begann sich dank ihrer Eroberungen zu bereichern, und nicht erst seit dem Kalifat, sondern viel früher. Der Prophet führte Kriege und häufte im Laufe seiner Kriege Vermögen aus Beutezügen an. Darauf basierte die erste muslimische Gesellschaft. Später brach die erste große fitna (Krieg zwischen den Muslimen) aus, weil Othman die Staatskasse leerte, um seinen Clan zu bereichern.

A: Othman, rücksichtslos gegenüber dem Gemeinwohl, darüber sind sich alle Historiker einig, bereicherte seine Familie in beträchtlichem Maße. Du hast Recht, wenn du von Bereicherung durch Kriege und Eroberungen sprichst, da der Reichtum des Islam aus den ghanâ'im (den Kriegsbeuten) stammt. Der Islam hat sich in Kriegen und bei Eroberungen von Beginn an der Gewalt bedient.

H: Neben den ghanâ'im gab es auch den Tribut, den die Nicht-Muslime oder diejenigen zu entrichten hatten, die nicht von ihrer Religion abschworen. Frauen waren Teil dieser Kriegsbeute. Man behielt sie oder verkaufte sie wie Kriegsgefangene.

A: Historisch gesehen basiert der Islam, wie bereits erwähnt, auf dem Stammesdenken, auf Eroberungen und der Macht des Geldes. Heutzutage bereichert sich Daesch durch die ghanâ'im, die Kontrolle über Erdöl und Gas, über Bankgeschäfte sowie den Verkauf von Frauen…

H: Daesch lässt Nicht-Muslime einen Tribut entrichten, plündert und nimmt Frauen als Kriegsbeute. Deswegen sagte ich, dass sie die dunkle und nicht die lichte Seite der Anhänger der Mu'tazila, der Philosophen oder Mystiker wieder aufleben lassen.

A: Aber die Anhänger der Mu'tazila waren nicht Teil der institutionellen muslimischen Gemeinde. Ebenso wenig wie die Mystiker, Philosophen oder Dichter.

H: Die Mu'tazila gehörten der wichtigsten Denkschule Bagdads an.

A: Sie hatten vor allem enge Kontakte zu einem oder

zwei Kalifen. Die Kultur der Mu'tazila erfuhr in der Zeit des Kalifen al-Ma'mûn einen großen Aufschwung. Seit der Machtübernahme von al Mutawakkil waren sie Verfolgungen und Massakern ausgesetzt.

H: Du sagtest, dass der arabische Intellektuelle nie von der politischen Institution unterstützt oder gefördert wurde. Seit der Veröffentlichung von Ath-thâbit wa'l mutahawwil (Das Feste und das Bewegliche) kämpfst du für die Gedankenfreiheit.

A: Dieses Buch entstand aus der Frage heraus, warum wir nicht einen einzigen großen Dichter haben, der als gläubiger Muslim bezeichnet werden kann. Ich kenne keinen einzigen großen gläubigen Dichter, keinen wirklichen Dogmatiker als Philosophen. Weder Averroes, noch Avicenna[18], noch Rawandi[19] waren Muslime im eigentlichen Sinne. Ausgenommen Ghazali[20], der zum Mystiker wurde. Warum also bezeichnet man diese Kultur, die Mystiker, Philosophen und Dichter umfasste, und die in keinerlei Verbindung mit der fiqh (der Rechtswissenschaft) oder der religiösen Orthodoxie stand, als islamische oder muslimische Kultur? Muslim in welchem Sinne?

18 Avicenna (Ibn Sînâ). 370/980 geboren. Seine Muttersprache war Persisch. Gestorben 428/1037 in Hamadan.

19 Ibn Rawandî. 210 n. d. H. geboren, im Alter von vierzig Jahren gestorben. Er war zunächst Anhänger des Mu'tazilita, bevor er zum Dissidenten wurde. Einer der größten atheistischen Denker des Islam.

20 Ghazâlî (Abû Hâmid). Theologe, Jurist und Reformer. 450/1058 geboren, 505/1111 gestorben.

Was hatten der Mystiker oder der Philosoph mit dem fiqh oder dem shar' (dem Gesetz) gemeinsam? Beim Studium der Texte fiel mir auf, dass es nicht einen einzigen großen Dichter gab, der wie beispielsweise Claudel Dichter und gleichzeitig Katholik war. Ich fand keine muslimischen Denker oder Philosophen, die an die Person eines Emmanuel Levinas, Philosoph jüdischen Glaubens, erinnern könnten. Beim Lesen historischer Werke stellte ich mir unaufhörlich die folgende Frage: Warum basierte die vom Islam eingesetzte dichterische Tradition nicht auf Kreativität und Phantasie, sondern blieb eng verbunden mit Religion und Macht? Und um dem noch etwas hinzuzufügen, warum haben es die arabischen Länder versäumt, die großen Dichter an Schulen und Universitäten zu lehren? Die großen Dichter wurden nie in ihrer gesamten Tragweite unterrichtet.

H: Auch al-Mutanabbî nicht?

A: Die Lehre wurde ihm nicht gerecht. Die Schüler und Studenten kannten nur einige seiner Gedichte. Die Vermittlung seines dichterischen Universums, ebenso wie das der anderen großen Dichter, wurde ihm nicht gerecht, da es nur in Auszügen oder falsch interpretiert angeboten wurde. Deshalb habe ich mich zu dieser Arbeit entschlossen, um diese Tradition einer Bearbeitung zu unterziehen und

die Geschichte neuzuschreiben. Ich habe der Forschung lediglich weitere Horizonte geöffnet.
H: Doch folgte dir niemand.

A: Leider. Allerdings glaube ich, dass derzeit ein Nachdenken darüber beginnt.

H: Als ich sagte, dass dir niemand folgte, meinte ich damit, dass es keine Generation nach dir gab, die diese Reflexionen weiterführte. Wie die Generation von Mustapha Safouan, die der von Mustapha Ziwar[21] oder Taha Hussein folgte.

A: Die literarischen Kreise beginnen, sich für diese Lesart der Geschichte zu interessieren. Und die Jungen nehmen sich dem langsam an. Von Ath-thâbit wa'l mutahawwil gibt es inzwischen fünfzehn Neuauflagen. Es wurde zu einem Klassiker in der Literaturgeschichte. Die intellektuellen Kreise beginnen, sich für die Freiheit der Gedanken einzusetzen. Allerdings dürfen sie hier nicht stehenbleiben. Das kann nur ein Anfang sein. Jetzt heißt es, das Wesen des Islam und die Grundlagen der Kultur, die wir islamische Kultur nennen, zu hinterfragen. Der derzeitige Stand jedenfalls ist erschreckend: Der vom Fundamentalismus gepredigte Islam ist eine kultur-

21 Mustapha Ziwar führte die Psychoanalyse in der arabischen Welt ein. Er war der Gründer der ersten Psychologischen Fakultät in der arabischen Welt (Universität Ayn Shams in Kairo). 1907 in Ägypten geboren, 1990 gestorben.

lose Religion. Die Araber kennen außerdem weder ihren Korpus noch ihre Quellen.

H: Da drängt sich die folgende Frage auf: Kann man sich, wenn man, wie bestimmte bedeutende arabische Intellektuelle oder Autoren, hier sei stellvertretend Mustapha Safouan genannt, Texte von Hegel, Marx, Heidegger, Kant, Lacan, Freud, Foucault oder den Griechen gelesen hat, überhaupt noch für Tabarî oder Ibn Kathîr interessieren? Möglicherweise liegt hier einer der Gründe für den Obskurantismus unserer Kultur. Das uns umgebende geistige Universum ist so groß, dass wir nicht mehr nur aus diesem theologischen Korpus von einst schöpfen dürfen.

A: Dem stimme ich zu. Jedoch wäre noch beizufügen und zu präzisieren, dass es bis heute keine arabische Kultur gibt.

H: Was heißt das?

A: In dem Sinne, als dass es keine kreative arabische Kultur gibt, die an der Veränderung der Welt mitwirkt. Während wir von einer französischen oder amerikanischen Kultur sprechen können, weil es diesbezügliche französische oder amerikanische Auseinandersetzungen mit Problemen gibt, können wir nicht von der Existenz einer durch und durch arabischen Weltsicht ausgehen. Es gibt keine arabischen Ansätze in der Auseinandersetzung mit Problemen, weil die arabische Sichtweise auf die Welt vom Islam dominiert wird. Der Muslim betrachtet die Welt aus rein islamischer Sicht, die antiquiert und in sich geschlossen ist. Der Islam braucht weder die Welt noch den Anderen, noch die Kultur, weil er sich als die absolute Kultur versteht. Er wird sich bis ans Ende der Zeit nicht verändern. Was hat er im Vergleich zu den alten Kulturen Neues gebracht?

H: Vielleicht eine Art und Weise der Erzählkunst und eine arabische Philosophie, die versuchte, die Religion mit dem griechischen Erbe in Übereinstimmung zu bringen, und schließlich die Mystik.

A: Ich beziehe mich auf unsere Gegenwart. Vergessen wir nicht, dass die Mystik innerhalb der muslimischen Kultur immer ein Randdasein fristete. Ebenso wurden die Versuche der Philosophie, sie in Einklang mit der Religion zu bringen, seit langem nicht weiterverfolgt.

H: Die Mystik – ebenso wie die Philosophie – wurde von den orthodoxen Theologen und Rechtsgelehrten beargwöhnt. Doch war sie Teil der geistigen Struktur der arabischen Gesellschaft, auch wenn die

Mystiker heute nicht mehr gelesen werden, ebenso wenig wie die Philosophen übrigens.

A: Deshalb sagte ich, dass die Araber weder ihre Quellen noch ihren Korpus kennen. Obwohl ihr Weltbild durch und durch religiös bleibt, lesen sie nicht einmal ihr Buch. Zudem ignorieren sie jämmerlich die Sprache ihres Gründungstextes.

H: Wie kann es sein, dass die meisten Intellektuellen, die mit dem Jahrhundert der Aufklärung und der westlichen Philosophie vertraut sind, es nicht schaffen, die religiöse Sicht auf die Welt zu überwinden?

A: Es ist zuerst die Angst. Dann aber auch, weil Denken in der arabischen Gesellschaft bedeutet, eben dieser Gesellschaft den Krieg zu erklären. Hinzu kommt, dass das Denken wie zu einer bloßen Verrichtung wird. Und der Denker ist ein Verrichtender, der Angst hat. Zugegebenermaßen haben wir auch keine großen Genies in unserer Gesellschaft. Wir finden keinen einzigen Schriftsteller, der fundamentale Fragen etwa über die Religion, über Gott, den Glauben, das Dasein, die Kunst oder die Sprache gestellt hat. Der Schriftsteller stellt keinerlei grundlegenden Fragen über unsere Traditionen und über unsere Kultur. Die einzig existierende Literatur ist eine repetitive Literatur.

H: Kann man ein Genie sein in einer Gesellschaft, in der man die Angst mit der Muttermilch aufsaugt, in der das Denken ständig verurteilt wird, in der man das Risiko eingeht, ausgestoßen zu werden, ja verfolgt, sobald man beginnt, unseren Korpus oder unser Erbe zu hinterfragen?

A: Das ist ein höchst komplexes Problem. Es gibt Fesseln jeglicher Art. Darunter die erwähnenswerte Tatsache, dass diejenigen, die die westlichen Philosophen gelesen und sich mit der westlichen Denkweise vertraut gemacht haben, nicht mehr zur arabischen Kultursphäre gehören. Sie stehen also zwischen der europäischen Kultur und ihrer Zugehörigkeit zu einem Land, in dem sie weder bekannt noch anerkannt sind.

H: Der arabische Intellektuelle leidet doppelt. Unter einem doppelten Exil. Unter einer doppelten Verbannung.

A: Unsere Kultur bekämpft und verurteilt bis heute alles, was anders ist. Der Denker, der das von der Religion gepriesene klassische Weltbild verschmäht, wird nicht mehr als Teil der Gemeinschaft geduldet. Er wird des Verrats und der Apostasie bezichtigt. Das Individuum lebt somit in einer Gesellschaft, die ihn auf seine Zugehörigkeit reduziert. Das ist ein historisches Problem: Was wir „Islam“ nennen, respektiert nicht die Vielfalt innerhalb der arabischen Gemeinschaft selbst. Der Islam griff die Kunst an und versuchte all die Schönheit zu zerstören, die vor ihm existierte. Doch weit davon entfernt, sich darauf zu beschränken, ein Haus zu verschönern oder ein Lied zu komponieren, stellt die Kunst selbst eine Art Weltbild und eine Beziehung zur Welt dar.

H: Spricht der Koran von der Zeit, die ihm vorausging, nennt er sie die jâhilîya, die Zeit der Unwissenheit. Das ist eine Geringschätzung und Leugnung der ihm vorausgehenden Kulturen, wie etwa die persische Kultur und die pharaonischen und mesopotamischen Kulturen. Und dabei stellt er auf sozialer Ebene im Vergleich zur römischen Gesellschaft einen Rückschritt dar.

A: Vergleicht man die muslimische Kultur mit dem, was vor ihr war, so kommt sie einem Niedergang gleich. Der Islam entwickelte sich in einer auf Handel und Machtausübung basierenden Stammeskultur. Wir wissen alle, dass die ersten Gründer Kaufleute waren: Khadîja, die erste Ehefrau Mohammeds, war Handeltreibende, Abû Bakr[22], Omar[23] und Othman waren ebenfalls Handeltreibende. Und das war in

22 Abû Bakr. Gefährte Mohammeds und sein Schwiegersohn. Er wurde der erste Kalif.

23 Omar. Schwiegervater Mohammeds, zweiter Kalif nach Abû Bakr.

der Tat nicht nur im Vergleich zu den Römern, sondern zu den Arabern dieser Zeit selbst ein Rückschritt. Damals gab es in Arabien eine Frau, Sajâh[24], die das Oberhaupt ihres Stammes war. In der vorislamischen Zeit waren die Frauen frei und konnten in ihrem Stamm hohe Funktionen ausüben. Mekka war sogar der Geburtsort der Mu'allaqât[25], die ich persönlich als eine wahrhaft universelle Dichtung betrachte. Der Umstand, dass die Offenbarung die Sprache der Mu'allaqât wählte, zeigt deren Größe. Die Araber müssen ihre Geschichte neu denken.

H: Taha Hussein vollbrachte etwas Großartiges, indem er Fragen über die vorislamische Dichtung aufwarf. Die Richter, die ihn verurteilten, wussten sehr gut, dass der Islam ein schlechtes Bild von der Poesie hatte. Logischerweise hätten sie ihm beipflichten müssen. Doch der Staat verurteilte ihn dazu, seine Thesen zu widerlegen. Dabei stand das Denken als Ganzes im Visier. Es ging nicht so sehr um die Liebe zur vorislamischen Poesie als vielmehr um den Hass auf das Denken und die Erneuerung.

A: Absolut. Ich ergreife diese Gelegenheit, um zum Ausdruck zu bringen, dass die vorislamische Dichtung eine Dichtung des Denkens, der Liebe und der

24 Sajâh. Prophetin, die während der Herrschaft von Abû Bakr, dem ersten Kalifen, einen Krieg gegen den Islam führte.

25 Mu'allaqât. Vorislamische Oden.

Subjektivität ist. Der alleinige Umstand, dass die Offenbarung eine Sprache wählte, die bereits vor ihr existierte, bezeugt, dass diese Sprache eine Größe und einen unendlichen Reichtum besaß. Doch das kommerzielle Denken obsiegte und eine Armee gewann. Und da sie gewann, bereicherte sie sich und eroberte dadurch die Welt. Hinzu kommt, dass der Islam anfangs keine wirklichen Gegner hatte. Beispielsweise führte Syrien keinen Krieg gegen den Islam. Bagdad, Damaskus und Ägypten erwarteten die Muslime mit offenen Armen, da sie unter dem Joch der byzantinischen Herrschaft standen.

H: Ich würde gern ein Wort über die Sitten der damaligen Zeit verlieren. Der Islam bekämpfte die Christen ebenso wie die anderen Religionen. Nun fanden die ersten Muslime, die nach Abessinien flohen, um der Feindschaft der Mekkaner zu entkommen, in der Person des Königs Najâshî, selbst Christ, einen Beschützer. Er bot ihnen Asyl und Religionsfreiheit.

A: Dieses Exil in Abessinien war die Rettung der ersten Muslime. Dennoch wurden die Christen später diskriminiert und bekämpft. Dem füge ich hinzu: Die Machthaber, einer sehr engen religiösen Sicht verhaftet, vermochten es nie, eine Gesellschaft oder einen Staat zu schaffen, der auf Teilhabe und Gleichheit gegründet war.

H: Freud verknüpft die Entstehung des Judaismus an die Dekonstruktion der Figur des Moses. Dieser war Ägypter, der die Hebräer aus der Sklaverei befreien wollte. Daraus gehen zwei Botschaften hervor: Erstens ist die Person des Fremden stiftend, und zweitens tritt das Volk durch die Liebe zur Freiheit zu einem Glauben über. Nun sprechen wir aber von Anfang an lediglich vom Stamm und der Zugehörigkeit zum Stamm bzw. zur Familie.

A: Indem der Islam als die absolute Lösung gepredigt wird, hat das islamische Weltbild die existentiellen Probleme wie Liebe, Tod und Freiheit ausgelöscht. Deshalb werden Tod, Liebe und Freiheit lediglich im Rahmen eines streng religiösen Rahmens wahrgenommen. Jegliche andere Betrachtung gilt als ketzerisch oder ungläubig.

H: Der Islam muss neu gedacht werden. Im Unterschied zum Judentum und Christentum fehlt die Mordtat am Gründer. Und du sagst es in Al-Kitâb: Mu'âwiya, Abû Bakr, Othman oder 'Alî sind nicht tot. Dabei fußt jeglicher Diskurs auf dem Tod. Man kann nicht von einer Geschichte ohne Tod sprechen.

A: Weder über den Tod noch über andere Probleme wird nachgedacht. Was die Sprache des Koran betrifft, ist sie zwar schön, doch rhetorisch und unpersönlich. Dagegen ist die der Dichter ihrem Wesen nach an die menschliche Erfahrung geknüpft. Sie ist lebendiger, einfallsreich und persönlich. Die arabischen Dichter betrachteten die Sprache des Koran vom ästhetischen Standpunkt aus, als Teil einer Sprachwelt, die bereits in vorislamischer Zeit existierte. Die Sprache von Imru'u l-Qays bleibt auch in der Übersetzung schön und kräftig.

H: Nun verstehe ich den Standpunkt von Mustapha Safouan über die vernakulären Sprachen[26] besser. Wenn der Koran in eine andere Sprache übersetzt wird, was bleibt dann?

A: Deshalb wird auch geraten, eher den Sinn denn seine Sprache zu übersetzen. Einige Literaturkritiker hingegen, wenn sie von der Nichtnachahmbarkeit des Koran sprechen, meinen den Sinn und nicht die Sprache. Von dieser Perspektive aus kann man poetische oder Prosatexte von einer ebenso großen Schönheit finden wie die des Korantextes, insbesondere die medinensischen Suren. Dennoch hat kein einziger arabischer Dichter oder Schriftsteller versucht, die Sprache des Koran nachzuahmen.

26 Siehe Mustafa Safouan: Pourquoi le monde arabe n'est pas libre. Politique de l'écriture et terrorisme religieux [übersetzt aus dem Englischen von Catherine und Alain Vanier]. Paris: Denoël, 2008.

Die Fundamente neu denken

H: Mesopotamien war die Wiege zweier großer Kulturen: der Sumerer und der Babylonier. Hier erblickten die Götter das Licht der Welt, hier entstanden die Schrift und jene Erzählungen, die später vom Alten Testament und vom Koran aufgenommen wurden. Wie lässt sich der Siegeszug des Monotheismus erklären?

A: Ich glaube, dass der Monotheismus das Ergebnis zweier Dinge ist. Das sind erstens die Entstehung des wirtschaftlichen Denkens und zweitens die Entwicklung des Machtdenkens. Diese beiden Elemente haben die alte Welt, einst Stätte großer polytheistischer Kulturen, erschüttert, und damit das Konzept der Pluralität zunichte gemacht.

H: Angefangen mit der der Götter.

A: Eine einzige Macht im Himmel und ein einziger Vertreter auf Erden. Diese dem Monotheismus innewohnende These lässt den Siegeszug der Ökonomie und des Machtdenkens auf Erden erkennen. Der Islam ist dessen letztes Beispiel.

H: Wenn ich es recht verstehe, so hat sich die religiöse Herrschaft in eine politische und soziale Macht verwandelt. „Eine einzige“ auf allen Gebieten.

A: Im Grunde ist es das Machtdenken, das alles veränderte. Der Islam entstand in Mekka, einem Ort, in dem Handel betrieben wurde. Diese Gesellschaft von Handeltreibenden benötigte lediglich einen einzigen Führer, um das geschäftsorientierte Denken durchzusetzen. Es war eine Gesellschaft, die die Stämme unter dem Banner einer einzigen Macht vereinen wollte.

H: Das zeugt zugleich von einer großen Stärke. Mekka lag schließlich am Kreuzweg wichtiger Handelsrouten. Doch für die Versorgung hing es von anderen, im heutigen Jemen gelegenen Städten wie Al-Yamâma und Sanaa ab, die Getreide und andere Nahrungsmittel lieferten.

A: Der Handel obsiegte, weil die Alte Welt zu jener Zeit geschwächt war. Die Byzantiner hatten ein großes Vakuum hinterlassen. Syrien hatte den Muslimen seine Tore geöffnet. Von den Byzantinern bedrängt, versprachen sich die Damaszener, in der Mehrheit Nestorianer, Rettung durch die Muslime. Sie empfingen sie mit offenen Armen. Indes bereicherten sich die Muslime im Laufe ihrer Siegeszüge. Durch das angehäufte Geld verschafften sie sich Macht und Geltung. Sie hatten, könnte man meinen, sogar Glück, weil sie weder echten Feinden noch großen Armeen gegenüberstanden. Die Araber führten anfangs keine wirklichen Kriege. Zumindest gab es keine Kriege im griechischen oder römischen Sinne.

H: Dazu wäre die Lektüre der Futûhât (Die Eroberungen) hilfreich, um die sozio-ökonomische Struktur der eroberten Länder zu begreifen.

A: Futûh al-Buldân[27] ist ein Standardwerk. Hier erfahren wir, dass schon zu Zeiten Mohammeds Krieg zwischen den Stämmen geführt wurde. Sobald Arabien vereinigt war, über ein starkes Heer und inzwischen vermögende Anführer verfügte, fielen die mit Reichtum gesegneten Länder fast ohne Widerstand.

H: Marc Aurel hatte den so genannten barbarischen Völkern die Staatsbürgerschaft zuerkannt. Der Islam entstand später als die anderen Religionen und Kulturen. Doch überragte er sie keines

27 Futûh al Buldân von Ahmâd ibn Yahyâ ibn Djâbîr ibn Dâwâd, genannt al-Balâdhurî, verstorben wahrscheinlich 279 n. d. H.

wegs in Bezug auf Toleranz, Vielfalt, Herausbildung eines Bürgerwesens oder gar Abschaffung der Sklaverei.

A: Im Gegenteil, der Islam ging gegen die Errungenschaften früherer und kommender Kulturen vor. Doch im Grunde hielt er an dreierlei fest: der Bibel, deren Gesetz und Propheten. Hinzu kommt das magische Denken, das er in eine Doktrin verwandelte. Was sagt der Gründungstext?

H: In den Babylonischen Tafeln schreibt Edward Chier „Der denkende Mensch ist immer an seiner Vergangenheit interessiert[28]". Wir müssen nun über die Fundamente unserer Religion, ihre Prinzipien und Weltsicht nachdenken. Das ist heute nötiger denn je.

A: Zunächst ist die Gewalt eine den drei monotheistischen Religionen gemeinsame Erscheinung. Nichtsdestotrotz ist die Gewalt in der Bibel an die Geschichte eines Volkes gebunden, das Knechtschaft und Exil erfuhr. Im Christentum geht die Gewalt mit der Gründung der Kirche einher. Im Islam dagegen ist die Gewalt insbesondere die des Eroberers.

H: Aus den Geschichtsbüchern, wie etwa in den Chroniken von Tabarî, erfahren wir, dass sich die muslimische Religion durch Gewalt und Zwang durchgesetzt hat.

28 Edward Chiera: Les Tablettes babyloniennes. Paris: Payot, 1940.

A: Das zieht sich wie ein roter Faden durch die gesamte Geschichte. Der Islam setzte sich mit Gewalt durch; er wurde zu einer Geschichte von Eroberungen. Die Menschen hatten entweder ihren Glauben zu wechseln oder einen Tribut zu entrichten. Gewalt im Islam geht also mit seiner Entstehung einher.

H: In Al-Kitâb sprichst du von Gewalt innerhalb des Gemeinwesens ab dem Tod Mohammeds. Nun wollen wir aber ein Tabuthema ansprechen, nämlich die Gewalt im Gründungstext.

A: Dabei handelt es sich um einen extrem gewaltverherrlichenden Text. Ich habe 80 Verse über die Hölle gezählt. Wir finden 66 Verse, die das Paradies erwähnen und 72 sprechen über das Paradies als Ort unendlichen Genusses. Kufr (der Unglaube) und seine Ableitungen erscheinen in 518 Versen, die Höllenqualen und ihre Ableitungen in 370 Versen. Von 3000 Versen beziehen sich 518 auf die Züchtigung. Die Hölle wird 80 Mal erwähnt. Zitiert sei hier folgendes:
„[…] Wer sich aber von euch von seinem Glauben abtrünnig machen läßt und als Ungläubiger stirbt, deren Werke sind vergeblich hienieden und im Jenseits, und des Feuers Gefährten sind sie und verweilen ewig darinnen.[29]"
Hingegen finden wir keinen einzigen Vers, der zur

29 Koran, 2:217.

Reflexion anregt, noch einen Vers über den Stellenwert oder die Vorteile der Vernunft oder des Geistes im Sinne der Kreativität. Wenn der Koran yatafak-karûn (überlegen, logisch argumentieren) meint, dann im Sinne des sich Erinnerns an die vom Koran bereits vorgegebenen Gebote, um sie anzuwenden.

H: Dieser Logik zufolge wird derjenige, der gute Taten vollbringt und als Ungläubiger stirbt, in die Hölle, die Dschahannam, kommen und das Schicksal des Gläubigen beneiden, der die schlimmsten Taten begangen hat. Um diese albtraumhafte Sicht abzumildern und den Unterschied zwischen dem mystischen Text und dem theologischen Text zu verdeutlichen, erklärt Ibn 'Arabî, dass kufr in der arabischen Etymologie „Illusion" oder „Fehler" in der Sichtweise und nicht „Unglaube" bedeutet.

A: Absolut. Doch der Theologe sieht nur den Unglauben und dieser verdient Züchtigung. In Bezug auf die „Ungläubigen" ist das Urteil unerbittlic

H: „Siehe die, welche Allahs Zeichen verleugnen, für sie ist strenge Strafe. Und Allah ist mächtig, ein Rächer[30]". Auch folgender Vers verdient es zitiert zu werden:

„Siehe, wer da Unsere Zeichen verleugnet, den werden Wir im Feuer brennen lassen. Sooft ihre Haut

30 Koran, 3:4.

gar ist, geben Wir ihnen eine andere Haut, damit sie die Strafe schmecken[31]."

H: Ich lenke deine Aufmerksamkeit auf die Tatsache, dass dieser Vers über das Abziehen der Haut und den Angriff des „Haut-Ich" als Form einer ewigen Strafe in einer „Die Weiber" betitelten Sure erscheint. Von Tabarî bis Fakhr al-Dîn al-Râzî[32] laufen die Kommentare darauf hinaus, dass die Haut zu dem einzigen Zwecke getauscht werden würde, um die Strafe ewig währen zu lassen. Einige präzisieren, dass sie siebzigtausend Mal gewechselt wird, andere sprechen von einer nie endenden Strafe.

A: Das muslimische Individuum ist in einer die Strafe lobpreisenden Kultur dazu verdammt, sich den Geboten der Religion zu unterwerfen. Verurteilt wird jegliche Abweichung vom Weg, den der Islam vorzeichnet. Und der Islam bleibt folglich die einzig annehmbare Religion. Folgender Vers sei hier zitiert:

„Und wer eine andre Religion als den Islam begehrt, nimmer soll sie von ihm angenommen werden [...]."[33]

Oder:

„Heute habe Ich euch vollendet euern Glauben und habe erfüllt an euch Meine Gnade, und es ist Mein

31 Koran, 4:56.

32 Fakhr al-Dîn al-Râzî, Historiker und Theologe. 1149 n. Chr. im Iran geboren, 1209 in Afghanistan gestorben.

33 Koran, 3:85.

Wille, daß der Islam euer Glauben ist."[34]
Es gibt im Text eine theoretische Gewalt und eine praktische Gewalt. Die theoretische Gewalt hat die praktische Gewalt hervorgebracht. In der Praxis beispielsweise kann sich der Einzelne in keiner Weise vom Glauben seiner Eltern oder der Gemeinschaft zugunsten einer anderen Religion lösen.

H: Viele Verse verurteilen die Apostasie, die ja eigentlich die Entscheidung eines Individuums ist und seine Freiheit, einen anderen Weg einzuschlagen als den seiner Eltern oder seiner Gemeinschaft. Die Religion verweigert diese Entscheidung. Im Diesseits läuft das Individuum Gefahr, enthauptet zu werden, und im Jenseits hält Gott für ihn eine exemplarische Züchtigung bereit.

A: Hier bietet sich der Vers an, der direkt an diese Frage gebunden ist:
„[...] laß keinen der Ungläubigen auf Erden[35]."
Der Muslim, der diesen Vers liest, wird aufgefordert, den Dschihad zu befolgen, um diesen Wunsch zu erfüllen und den „Unglauben" mit allen ihm zur Verfügung stehenden Mitteln zu bekämpfen. Das ist eine Gewalt, die nicht als solche gesehen wird, da sie wie ein Sieg des Islam und des göttlichen Willens betrachtet wird. Die Gewalt wohnt dem Islam

34 Koran, 5:5.
35 Koran, 71:26.

inne. Dazu folgende Verse: „Und so nahmen Wir Rache an ihnen und ertränkten sie im Meer[36] […]“; „An jenem Tag, an dem Wir angreifen werden mit dem größten Angriff, siehe, da werden Wir Rache nehmen[37]“; „[…] Und versammeln werden Wir sie am Tag der Auferstehung auf ihren Gesichtern, blind, stumm und taub. Und ihre Herberge soll sein Dschahannam. Sooft sie erlischt, wollen Wir die Flamme wieder anzünden[38].“

H: In derselben Sure heißt es: „Schau, wie Wir die einen vor den anderen bevorzugten! Doch das Jenseits soll größere Rangstufen haben und größere Auszeichnungen[39].“ Das ist das Gesetz der Willkür. Den Weg des Heils finden oder sich verirren, liegt in der Hand des Herrn und obliegt also Seiner Willkür.

A: Und diejenigen, die nicht in der Gunst des Herrn stehen, werden folgendermaßen beschrieben: „An dem Tage, da sie mit ihren Angesichtern ins Feuer gestürzt werden […][40]“, oder auch: „[…] für die Ungläubigen sind Kleider aus Feuer geschnitten; gegossen wird siedendes Wasser über ihre Häupter, das ihre Eingeweide und ihre Haut schmilzt; und

36 Koran, 7:136.
37 Koran, 44:16.
38 Koran, 17:97.
39 Koran, 17:21.
40 Koran, 33:66.

eiserne Keulen sind für sie bestimmt. Sooft sie aus ihr vor Angst zu entrinnen suchen, sollen sie in sie zurückgetrieben werden und: ‘Schmecket die Strafe des Verbrennens.‘[41]“ Abû Hurayra zitiert einen Hadith[42], der diesen Vers erklärt: „Das Feuer wird in den Schädel gegossen. Es läuft bis zum Hals. Es leert den Hals und gelangt bis an die Füße. Dann wird es wieder wie vorher“[43]. Auch dieser Vers verdient Erwähnung: „In Kleidern von Pech, und das Feuer wird über ihre Angesichter schlagen[44].“ Tabarî erklärt, dass die Haut siebzigtausend Mal täglich brennen wird[45].

H: Das Bild ist entsetzlich. Die Haut brennt, fällt ab, wird aufgehoben, wird wieder auf den Körper gelegt und brät, sie fällt erneut ab, wird erneut dem Feuer ausgesetzt und immer so fort. Dieser Vers ist schreckenerregend, da er den Masochismus anheizt oder ein tyrannisches Überich, ohne von der panischen Angst zu sprechen, die sich des Individuums bemächtigt, da der Tastsinn ein primitiver Sinn ist. Über die Haut erfolgt der erste Kontakt des Säuglings mit seiner Mutter. Und die Zärtlichkeiten der Mutter auf der Haut des Säuglings geleiten ihn in die Welt des für seine Psyche und seinen Körper

41 Koran, 22:19-22

42 Hadith. Ausspruch von Mohammed.

43 Tabarî: *Târîkh* [Chroniken], Band 9, S. 125.

44 Koran, 14:50.

45 Tabarî: *Târîkh* [Chroniken], Band 9, S. 145.

notwendigen Autoerotismus. Es ist diese Urhaut, auf die es diese Verse absehen.

A: Diejenigen, die es wagen nicht zu gehorchen, werden „[…]ins siedende Wasser geschleift und im Feuer brennen […][46]."

H: Die Haut, die Augen und andere Öffnungen werden vom Feuer verschlungen. Zu dem bereits Erwähnten kommt die Bedrohung hinzu, die auf dem Identitätsgefühl lastet, da das Gesicht anvisiert wird. Es geht nicht nur allein um den organischen Schmerz, sondern um das, was das Fundament der Identität des Menschen ausmacht. Daher die Todesangst, sobald es um die Infragestellung der Gebote oder um die geringste Denkabweichung geht. Wenn ich denke, riskiere ich im wahrsten Sinne des Wortes meine Haut.

A: „Nehmt ihn und fesselt ihn! Alsdann in den Höllenpfuhl lasset brennen ihn! Alsdann in eine Kette von siebenzig Ellen Länge stecket ihn![47]" Einige Kommentatoren erklären, dass das Seil durch den Mund des Gequälten geht und durch seinen After wieder herauskommt[48].

46 Koran, 40:70-72.
47 Koran, 69:30.
48 Tabarî: *Târîkh* [Chroniken], Band 12, S. 220.

H: All das in der Klangreinheit der Sprache, wie ein Gesang oder eine Hymne auf das Leben. Derjenige, der des Arabischen nicht mächtig ist, wird des Missverhältnisses zwischen der Schönheit der Sprache und der Grausamkeit des Bildes von der Höllenqual nicht gewahr. Dabei denke ich unweigerlich an anâ ibn Jalâ[49]. Der Muslim, der diese Verse rezitiert, ist wie jener, der die Verse von al-Hajjâj hersagt. Die schöne Sprache sagt Albtraumhaftes und die Klangschönheit ist blutbefleckt. Grauenvolle Verse werden wie ein Liebesgedicht aufgesagt.

A: Und alles ist in Reimform gegossen. Wir haben es mit einem vorherrschend sakralisierten Diskurs zu tun: dem von Gott dem Einzigen, gefolgt von dem der faqîh. Dabei wird das Denken aufgefordert abzuschalten, da die Wahrheit des Gesagten nicht auf dessen intrinsischer Wahrheit beruht, sondern auf der Autorität desjenigen, der es ausspricht. Da es sich um Göttliches handelt, hat es geglaubt zu werden.

H: Der Glaube ist eng mit dem Gefühl des Schreckens verbunden. Die erwähnten Strafen beziehen sich auf alle Bereiche des Körpers: die Haut, den Bauch, den Mund, die erogenen Zonen, dort, wo der Selbsterhalt an die Libido gebunden ist. Es ist bekannt, in welchem Maße der Kontakt Mund-Brustwarze wesentlich für den Selbsterhalt und die Libido ist.

49 Siehe Vorwort von Adonis: Al-Kitâb II. Paris: Seuil, 2012.

A: Hier werden Nahrung und Getränk ihrer ursprünglichen Funktion entfremdet, um ein Foltermittel zu werden. Zitat: „Siehe, bei Uns sind Fesseln und der Höllenpfuhl, und würgende Speise und schmerzliche Strafe […][50]"

H: Denise Masson, die französische Übersetzerin des Koran, schwächte das Bild ab, wenn sie ghassa durch „eine im Hals steckenbleibende Speise" ersetzte.

A: Ibn 'Abbâs beschreibt diese Qual, indem er sagt, dass es sich um einen Stachel im Hals handelt, der weder entfernt noch eingeführt werden kann[51].

H: Tabarî und Râzî schließen sich dem an: was nährt, ist lebensbedrohlich.

A: Selbst der Lebensbaum wird bedrohlich. Es heißt: „Siehe, der Baum Zaqqûm ist die Speise des Sünders; Wie geschmolzenes Erz wird er kochen in den Bäuchen, Wie siedenden Wassers Kochen[52]."

H: Gleich nach diesem Vers verspricht Gott denen, die den Herrn fürchten, die beste Behandlung: „Siehe, die Gottesfürchtigen werden sein an sicherer Stelle, In Gärten und Quellen, Gekleidet werden sie

---

50 Koran, 73:12-13.

51 Tabarî: *Târîkh* [Chroniken], Band 12, S. 289.

52 Koran, 44:43-46.

sein in Seide und Brokat [...][53]"

A: Der Koran spricht in einer anderen Sure von diesem Baum, dort heißt es, dass er " ein Baum [ist], der aus dem Grund der Hölle herauskommt. Seine Frucht gleicht Satansköpfen[54]." und „[...] und denen siedendes Wasser zu trinken gegeben wird, das ihnen die Eingeweide zerreißt[...][55]".

H: Das ist immer dieselbe Logik. Einige Zeilen davor heißt es: „Das Bild des Paradieses, das den Gottesfürchtigen verheißen war: In ihm sind Bäche von Wasser, das nicht verdirbt, und Bäche von Milch, deren Geschmack sich nicht ändert [...] und Bäche von Wein [...] Und Bäche von geklärtem Honig; und sie haben in ihnen allerlei Früchte [...][56]". Also Belohnung oder Bestrafung.

A: Die Bestrafung ist immer grausam: „So ist's; so mögen sie sie schmecken! Siedend Wasser und Jauche, und anderes der Art dazu.[57]"

H: Was als siedendes Wasser übersetzt wurde, ist al-ghussâq.

---

53 Koran, 44:51-54.
54 Koran, 37:64-65.
55 Koran, 47:17.
56 Koran, 47:15 und 17.
57 Koran, 38:57-58.

A: Bei einigen Exegeten ist es geschmolzenes Eisen, das auf die Haut gegossen wird. Bei ʻAbdallah ibn Amrû ist es dickflüssiger Eiter. Wenn ein einziger Tropfen auf den Okzident fiele, zerfielen zwar die Menschen im Orient zu Staub, sagt er, und wenn ein Tropfen auf den Orient fiele, machte er die Menschen im Okzident zunichte[58]. Ka'b fügt hinzu: „Das ist die eigentliche Quelle der Dschahannam. Jegliches giftige Tier, wie Schlange und Skorpion, kriecht hinein und badet sich hierin. Das Individuum wird herbeigeführt und in diese Quelle getaucht. Seine Haut und sein Fleisch fallen ihm von den Knochen."

H: Ich möchte darauf aufmerksam machen, dass der von Ka'b benutzte Begriff rajul ist, der Mann im Sinne von Mensch oder Individuum. Der Exeget sagt nicht: Der Ungläubige wird herbeigeführt... Das Bild umfasst nicht nur den Un-Gläubigen, sondern jegliches menschliche Wesen. Das Ausmaß der Bedrohung wird größer. Sie zeigt mehr Wirkung.

A: Die Beispiele über die Strafen durchziehen den gesamten Korantext. Die Gewalt bleibt eng mit der Rache verbunden. Das sind Stammesgesetze, die ins Jenseits übertragen werden. Der Bestrafte kennt den Tod nicht. „[...] Nicht wird das Sterben über

58 Tabarî: *Târîkh* [Chroniken], Band 10, S. 598.

sie verhängt und ihre Strafe ihnen nicht erleichtert. Also lohnen Wir jedem Ungläubigen[59]"; „Siehe diejenigen, welche nicht glauben und Unrecht tun, nicht wird Allah ihnen verzeihen und nicht leitet Er sie des Weges, Es sei denn des Weges nach Dschahannam, darinnen zu verweilen ewig und immerdar. Dieses ist Allah leicht[60]."

H: „Khâlidîna fîhâ abadan, Sie verweilen dort immerdar." Dieser Satz stammt aus der Sure An-nisâ' (Die Weiber), wo Gabriel Hafsa und Aicha, den beiden Ehefrauen des Propheten, droht, weil sie ihrem Mann gegenüber ungehorsam waren. Und weil sie Frauen des Propheten waren, würde ihre Züchtigung schrecklicher sein. Jeder Ungehorsam zieht eine Züchtigung im Diesseits und eine Strafe im Jenseits mit sich. Der Koran schildert eine Dschahannam mit offenem Maul.

A: Gott erscheint im Koran als der „Hinrichtende" oder der „Gott der Strafen" oder auch der „Rachegott". Die Orte der Strafen werden bezeichnet als: jahannam, saqar, lazâ, hâwiya (Dschahanamm, Höllenfeuer, Hölle, Abyss). An-nâr (das Feuer) ist das äußerste Strafmittel. Der Koran verleiht dem Feuer Identität und Sprache. Das Feuer spricht von seinem unstillbaren Hunger: „An jenem Tage werden

59 Koran, 35:36.
60 Koran, 4:168-169.

Wir zu Dschahanamm sprechen: ‚Bist du voll?' Und sie wird sprechen: ‚Gibt's noch ein Mehr?'[61]"

H: Es gibt eine Parallele zum Anthropomorphismus und zum magischen Denken, dem Denken eines Kindes, das noch nicht zwischen Belebt und Unbelebt unterscheidet. Dem mit einem verschlingenden Maul ausgestatteten Feuer eine Sprache zu geben, reaktiviert frühkindliche Ängste. Der Vers beschreibt die frühen Phasen der Psyche, die wie Relikte bleiben. Dieser Vers ist erschreckend, weil er diesen Teil des immer noch lebendigen Verdrängten wachruft. Der Erwachsene ist das Kind, das vor der furchteinflößenden Imago zittert.

A: Umso mehr, als der Koran die Gottheit mit dem Attribut des Jabbâr (der Allmächtige) und dem Attribut des batsh (Unterdrückung, Tyrannei) versieht.

H: Er betont die stets vorhandene, todbringende und zerstörerische Imago. Der Ungehorsam bringt nicht nur den Liebesentzug mit sich, sondern auch die Züchtigung eines rachsüchtigen Gottes. Jeder, der diese Verse und die ihnen gewidmeten Kommentare liest, bekommt das von Dostojewski geschilderte Gefühl beim Anblick des Gemäldes von Holbein „Christus im Grabe" zu spüren:

61 Koran, 50:30.

„Aber beim Anblick dieses Bildes kann ja mancher Mensch seinen Glauben verlieren.“[62]

A: Wir haben eine Reihe von Bildern von extremer Grausamkeit vor uns. Zur Gewalt des Korantextes kommt die der Muslime ab dem 1. Jahrhundert der Hidschra, im Jahre 622 nach Christi. Die erste Schlacht, die Schlacht von Badr, spricht für sich. Erinnert sei an die Worte von Ibn Mas'ûd, einen Gefährten Mohammeds im Wortlaut von Ibn Hichâm: „Ich schlage Abû Jahl den Kopf ab und überreiche ihn dem Propheten mit den Worten: 'O Gesandter Gottes, hier ist der Kopf von Abû Jahl, Gottes Feind'[63].“

H: In verschiedenen Werken, darunter Tafsîr (Die Auslegung) von Tabarî und As-sîra an-nabawîya von Ibn Hichâm, nehmen die Engel an den Schlachten teil und vernichten die „Ungläubigen“.

A: Tabarî erzählt, dass Gott den Muslimen dreitausend Engel[64] zur Seite stellte, die die Feinde Mohammeds in der Schlacht von Badr köpften. Abû Borda ibn Niyâr, einer der Kämpfer, äußerte sich folgendermaßen: „Ich brachte am Tage der Schlacht von Badr drei Köpfe, legte sie vor den Propheten Gottes und sagte: „O Gesandter Gottes! Ich schlug

62 Fjodor Dostojewski: Der Idiot. Berlin: Aufbau-Verlag, 2008.
63 Ibn Hichâm: *As-sîra an-nabawîya* [Die Biographie des Propheten Mohammed], Band 2, S. 636.
64 Tabarî: *Târîkh* [Chroniken], Band 3, S. 423.

den ersten beiden den Kopf ab. Den dritten dagegen besorgte ein weißer und sehr großer Mann, ein Engel, der an einem Ungläubigen vorbeikam. Sein Kopf rollte. Ich hob ihn auf"[65]. Al-Wâqidî erzählt ebenfalls, dass ein Liebender vor seiner Exekution bat, die Frau zu sehen, die er liebte. Die Frau wurde vorgeladen und kam nach der Enthauptung des Mannes an. Sie küsste ihn unaufhörlich, und starb gebeugt über seinen bereits erkalteten Körper[66].

H: Außer den Schlachten von Badr und Khaybar gab es andere, gnadenlose Kriege: hurûb ar-rida, die so genannten Ridda-Kriege (Apostasie-Kriege).

A: Das war in der Zeit des ersten Kalifen, Abû Bakr. Man kann von einem Vernichtungskrieg sprechen. Er wurde von Khâlid ibn al-Walîd geführt, der den Dichter Mâlik ibn Nuwayra tötete und im Jahre 12 der Hidschra (634 n.Chr.) seine Frau nahm. Es wird erzählt, dass der Kopf des Dichters als Kohlebecken diente. Omar verurteilte diese Tat, als er Kalif wurde und bestrafte Khâlid ibn al-Walîd. Die Kamelschlacht, die Schlacht von Siffîn und die Schlacht von Nahrawan waren von einer unbeschreiblichen Grausamkeit. Sie währten fünf Jahre, Tausende Männer starben. Unter ihnen waren Gefährten des Propheten.

---

65 Al-Wâqidî: *Le Livre des conquêtes,* S. 8.
66 Ebd., Band 3, S. 879-880.

H: Oft wird Omar, der zweite Kalif und Schwiegervater des Propheten, als ein getreuer Gefährte Mohammeds dargestellt. Doch wird nie von seiner Gewalttätigkeit gesprochen. Die Geschichte mit Fâtima, der Tochter des Propheten, ist dennoch hinreichend bekannt.

A: Einige Muslime verweigerten Abû Bakr nach Mohammeds Tod die Gefolgschaft. Sie versammelten sich bei Fâtima, der Tochter des Propheten. Omar rief zu deren Vernichtung auf. Dann ging er zu Fâtima in der Absicht, ihr Haus anzuzünden. Diese sagte: „Kamst du in der Absicht, mein Haus anzuzünden?" Er antwortete: „Ja, es sei denn, ihr sagtet dasselbe wie der Rest der Gemeinschaft."

H: Er schlug die schwangere Fâtima, die an den Folgen einer Fehlgeburt starb.

A: Die arabische Geschichte ist sehr komplex und äußerst gewaltvoll. Doch ab dem Jahr 41 der Hidschra, und zwar ab der Herrschaft von Mu'âwiya in Damaskus, wandelte sich die Gewalt in ein bis heute bestehendes religiöses, kulturelles, politisches und soziales Konstrukt.

H: Die Gewalt kommt in Koranversen zum Ausdruck, in Gedichten und in Reden von Monarchen. Indem sie in die Sprache einging, wurde sie geheiligt.

A: Die Gewalt hat deshalb ein Attribut des Heiligen, weil sie das Heilige verteidigt. Du erwähnst zu Recht diese Verquickung von Sprache und Gewalt. Mu'âwiya, der erste Umayyaden-Kalif, sagte Folgendes: „Die Erde gehört Gott, und ich bin sein Kalif. Was ich den Menschen nehme, gehört mir. Und was ich ihnen lasse, ist aus Großherzigkeit." Oder: „Ich kümmere mich nicht um der Leute Zunge, solange sie nicht auf unsere Herrschaft sinnen." Abd al Malik ibn Marwân, ein anderer Umayyaden-Kalif, ließ nach seiner Thronbesteigung folgendes verlauten: „Ich schwöre, dass ich jeden enthaupten werde, der von mir Frömmigkeit verlangt." Er sagte ebenfalls: „Ich habe nur das Schwert als Heilmittel für die Übel dieser Gemeinschaft." Und seinem Sohn bedeutete er: „Bestelle die Leute nach meinem Tode ein, damit sie dir den Treueid schwören. Köpfe jeden, der sich dem widersetzt."

H: Die Person des al-Hajjâj ibn Yûsuf al-Thaqafî war für seine enorme Grausamkeit bekannt. In berühmt gewordenen Versen drohte er den Irakern, sie zu enthaupten. Noch immer rezitieren wir seine Verse und loben seine Sprache, ohne uns mit der angedrohten Enthauptung auseinanderzusetzen. Später sollten auch die Abbassiden den Umayyaden in puncto Gewalt in nichts nachstehen.

A: Unvergesslich sind auch die Worte von Abû Ja'far al-Mansûr, dem Gründer der Abbassiden-Dynastie. Er sagte: „Das Blut derer, die uns die Gefolgschaft verweigern, ist nichts wert." Und an seinen Sohn al-Mahdî richtete er folgende Botschaft: „Es gibt drei Kategorien von Menschen: den Armen, der auf deine Hilfe hofft, denjenigen, der dich fürchtet und deinen Schutz erhofft und den Gefangenen, der deine Gnade erwartet." All diese Sätze zeigen, dass der Machtausübung Gewalt innewohnt, unabhängig davon, ob die Machtausübung ein Legat oder die Folge einer Usurpation ist. Der Monarch hat die legislative, exekutive und judikative Gewalt inne.

H: All diejenigen, die die Macht ausübten, seien es die ersten Kalifen, die Umayyaden oder die Abbassiden, taten dies im Namen der Religion.

A: Die Religion war nur ein Mittel zur Machtausübung. Und Geld war den Interessen der Regierenden stets von Nutzen. Gewiss gab es im Laufe der Geschichte Beispiele, die diesem Despotismus zuwiderliefen, einige Verse rufen zur Barmherzigkeit auf. Doch die Muslime taten, was sie immer taten: Sie folgten dem Mord- und Machtinstinkt, anstatt Gerechtigkeit und Gleichheit walten zu lassen. Hinzufügen möchte ich noch, dass Bestrafungen verschiedene Formen annehmen konnten. Der irakische Historiker 'Abbûd al-Shaljî kam in seinem Werk Mawsû'at al-'Adhâb (Enzyklopädie der Bestrafungen) auf zweihundert, darunter: Tod durch Lanzen, Ersticken, lebendig Begraben oder Verbrennen, das Schleifen des Körpers auf dem Boden, in kochendes Wasser werfen oder Abziehen der Haut bei lebendigem Leib, um nur einige zu nennen.

H: In Al-Kitâb erschütterten mich diese Strafen zutiefst. Beim Übersetzen empfand ich große Schwierigkeiten, Worte etwa für Kreuzigung oder Zerstückelung zu finden. Außerdem erfuhr ich, dass auch Frauen gefoltert wurden.

A: Die Folter war physisch oder psychisch. Mu'âwiya sperrte Amrû ibn al-Haqq al-Khuzâ'î (ein Gefährte von 'Alî) und seine Frau ein. Er befahl, den abgeschlagenen Kopf des Mannes in den Schoß der Frau zu legen. Hichâm ibn 'Abd al-Mâlik befahl die Enthauptung von Zayd ibn 'Ali. Seinen Kopf legte man auf den Schoß seiner Mutter. Dem letzten Umayyaden, Marwân, „al-Himâr" (der Esel) genannt, wurde der Kopf abgeschlagen und auf den Schoß seiner

Tochter gelegt. Ziyad ibn Abîh hatte die Gewohnheit, der Frau die Gliedmaßen abzutrennen, bevor er sie tötete, oder sie entkleidet zu kreuzigen. Der abbassidische Kalif befahl, eine Frau den Raubkatzen vorzusetzen. Sie wurde zerfleischt. Das erfahren wir bei Suyûtî[67] in Nuzhat al-majâlis.

H: Suyûtî spricht von einem Phallus im Jenseits, der nie erschlafft. Der von dir genannte Titel zeugt von sadereifen Vergnügungen. Denn Nuzhat bedeutet hier „Freudenfest". Es gibt einen Widerspruch zwischen dem Inhalt (der Strafe) und dem Titel (Freudenfest). Wir haben es mit einer doppelten Gewalt zu tun: die, die praktiziert wird und eine andere, die im Zynismus des Titels steckt. Und majâlis, das „Gastmahl", „Boudoir", „Zusammenkunft" evoziert, lässt unweigerlich an eine sadereife Struktur denken.

A: Das ist der Fall für diese von 'Ubaydallâh gefolterte Frau. Er schnitt ihr den Fuß ab und sagte: „Was denkst du darüber?" Sie sagt: „Ich bin mit anderem beschäftigt." Er brach ihr den anderen Fuß. Sie legte ihre Hand auf sein Geschlecht. Er sagt: „Du willst es verteidigen?" Sie antwortete: „Deine Mutter verteidigte es nicht." Zitiert wird auch das Beispiel des türkischen Gouverneurs im Jahre 1098, der die Angewohnheit hatte, die Frau, derer er überdrüssig war, in einen Sack oder eine Kiste

67 Suyûtî: Nuzhat al-majâlis, S. 122-123.

zu stecken und in den Fluss al-Âssî zu werfen. Bestrafung und Wahnsinn lagen mitunter nahe beieinander: al-Qâhir folterte seine Schwiegermutter, indem er sie an den Brüsten aufhängte. Manchmal erfolgte die Bestrafung wegen einer verbotenen Liebschaft, wie im Fall einer Ägypterin, die bezichtigt wurde, eine Liebesbeziehung mit einem Christen eingegangen zu sein. Sie wurde entblößt und an den Schwanz eines Esels gebunden, der sie zu Tode schleifte. Diese Geschichte ist in Badâi' az-zuhur nachzulesen.

H: Zu Deutsch: „Die Erhabenheit der Blumen". Es scheint mir, dass diese Bestrafungen, die sich durch die Geschichte der Araber ziehen, noch nie psychoanalytisch beleuchtet wurden. Der sadische Held sagt: „Ich kenne nur meine Lust, und dafür quäle und töte ich." Der Bestrafende empfindet ein Gefühl der Lust. Diese Geschichten wurden überliefert, doch nie analysiert. Uns bleibt ein blutbeflecktes und Vermächtnis voller Schrecken, ohne die Möglichkeit, es zu reflektieren.

A: Es fehlt in der Tat eine psychoanalytische Untersuchung. Es bedürfte einer Analyse dieser von Gewalt und Grausamkeit erfüllten Auffassung vom Menschen und der Welt. Es gibt eine andere, unterschwellige Gewalt, neben dieser soeben erwähnten praktischen. Die Geschichte lehrt uns, dass die muslimische Weltsicht den Menschen beherrscht und nicht umgekehrt. Ab dem Moment, wo die Geschichte zum Heiligtum wird, bleibt uns die Möglichkeit verwehrt, die Person Mohammed zu erforschen, so, wie wir es mit den anderen Propheten des Monotheismus tun. Der Versuch eines solchen Unterfangens oder der bloße Wunsch danach führt zur Bezichtigung der Apostasie.

H: In seinem Werk „Der Mann Moses und die monotheistische Religion“ hat Freud eine regelrechte Zerlegung des Religionsstifters vorgenommen, und zeigte auf diese Weise, wie wichtig die Vatertötung ist. Mohammed wird aber idealisiert und als heilig verehrt. All seine Taten und Gesten werden als zu befolgende Regeln betrachtet. Unabänderliche Regeln. Obendrein gelten Legenden über ihn als unangefochtene Wahrheit.

A: Die Texte vermitteln einstimmig, dass der Prophet Mohammed als Prophet und nicht als Mensch Vollkommenheit erlangt hatte. Dennoch wird er weiterhin als heilig verehrt, und die Geschichte trug wesentlich zu dieser Sakralisierung bei. Der sudanesische Schriftsteller Mohammed Mahmud erzählt eine Reihe von Geschichten, die in den hagiographischen Werken zu finden sind. Als Beispiel sei hier genannt, dass Mohammed einen „apfel- oder eigroßen Auswuchs“ zwischen den Schultern hatte. Es galt dafür nun eine Lösung zu finden. Das Siegel des Prophetentums durfte keine Missbildung aufweisen. So wurde geschlussfolgert, dass der Auswuchs der fassbare Beweis des Prophetentums sei.

H: Anhand dieser Geschichte könnte über die Begriffe Form, Bild und Modell nachgedacht werden, so wie Louis Marin über Jesus als Ebenbild sprach. Erinnert sei auch an Moses, dem die Worte nicht leicht von der Zunge gingen. Ist das im eigentlichen oder übertragenen Sinne zu verstehen? Das sind Fragen, die vom theologischen, philosophischen oder anthropologischen Standpunkt aus begriffen werden können. Das allerdings ist uns nicht gegeben.

A: Die Gewalt erklärt nicht nur den Geist für null und nichtig, sondern das menschliche Handlungsvermögen des Muslimen überhaupt. Dieser ist zum Glauben gezwungen, ohne in religiöser, geistiger oder sozialer Hinsicht Fragen über den Propheten stellen zu dürfen. In diesem Sinne wird die Gewalt sakralisiert. So auch die Geschichte, die von Gott und dem Propheten geschaffen, und nicht etwa von den Muslimen geschrieben wurde. Folglich ist sie göttlich. Und innerhalb dieser Geschichtsauffassung ist, ohne jegliche Berücksichtigung der Moralvorstellungen anderer Völker, das Gute, was vom Islam angenommen, und das Schlechte, was abgelehnt wird. Das ist eine Form von Gewalt gegenüber anderen.

H: Das erklärt vielleicht, einem Ausdruck von Gilles Deleuze zufolge, das Fehlen „des Anderen als konstitutiv" in der Vorstellung eines Monarchen, der die Deutungshoheit über die religiöse Sicht für sich beansprucht.

A: Der Andere ist als Anderer zu vernichten. Daher rührt auch die dem Dschihad innewohnende Gewalt. Die Ermordung des Anderen ist ein Dschihad, und wird, in diesem Sinne, geheiligt. Die Mordtat bringt den Mörder ins Paradies, an einen Ort der Sorglosigkeit und Wonne. Eros und Thanatos vereinen sich im Dschihad.

H: Es sei denn, man sagt: Thanatos, oder der Todestrieb verbündet sich mit Eros einzig, um ihn der Libido zu entreißen. Das sexuelle Verlangen ist eine Figur des Todbringenden.

A: Der Dschihad befreit die Instinkte. Diese Gewalt ist der Menschlichkeit des Menschen abträglich. So wie Heraklit sagte, der Krieg sei „der Vater aller Dinge", so ist er auch in unserer Geschichte von

Anfang an präsent. Sollte der Tod im Dschihad an diese Entstehungslegenden etwa anknüpfen?

H: Gerade im Islam wurde die Gründung unzureichend analysiert. Mittlerweile wird mehr und mehr über den spirituellen oder moderaten Islam geschrieben. Einige Autoren rühmen einen Islam, der nichts mit Gewalt zu tun hat. Es mangelt an Mut, sich mit den Triebgrundlagen der islamischen Grundfeste auseinandersetzen. Die meisten Muslime haben ihre Geschichte nicht richtig gelesen.

A: Wenn du den Islam wirklich verstehen möchtest, lies Le Livre des conquêtes [Das Buch der Eroberungen] von al-Wâqidî. Außerdem empfehle ich das Buch von Mohammed Mahmud mit dem Titel „La Prophétie de Mohammad: l'histoire et sa conception" [„Mohammeds Weissagung: Die Geschichte und ihre Konzeption"]. Das ist eines der wichtigsten Werke der zeitgenössischen arabischen Kultur. Ich habe viel daraus gelernt. Diese Lektüre rate ich all denjenigen, die sich mit dem Islam auseinandersetzen. In ihm liegt eine Gewalt, die den Menschen terrorisiert. Der Islam verurteilt den Menschen dazu, außerhalb der göttlichen Gebote nichts zu kennen und keine Erfahrungen zu sammeln.
Folglich ist der Mensch nicht nur ein „Mitläufer" (tâbiʿ), sondern ein Sklave.

H: Dieser Logik folgend, bestärkt die Religion das Gefühl der Knechtschaft, anstatt den Menschen zu befreien. Die Religion erweist sich als noch katastrophaler als das, was Karl Marx sagte: „Religion ist Opium für das Volk."

A: Sie ist Synonym für Abschottung und Gefangenschaft. Spricht der Text von Toleranz, erwähnt er die rahma (die Barmherzigkeit), fügt jedoch stets im gleichen Atemzug eine Bedingung hinzu: die unumschränkte Unterwerfung unter den Islam und seine Gebote. Das ist der Preis für die Barmherzigkeit.

H: Das ist nicht die christliche Agape.

A: Keineswegs. Der Mensch muss sich bereitwillig unterordnen. Und dieses Vasallentum wird ihn am Tage des Jüngsten Gerichts retten. Er verdankt sein Heil nur dieser völligen Unterwerfung. Hinzu kommt, dass wir keinerlei tiefgreifendes Nachdenken über den Menschen, über seine existentielle Angst erkennen können, über das, was in dieser Kultur verdrängt wurde, über deren weitere Entwicklung. Alles konzentriert sich auf einen elenden Diskurs, der die Politik auf den Sturz eines Regimes reduziert, unabhängig vom zu zahlenden Preis.

H: H.D. Lawrence weist in seiner Auslegung der Apokalypse[68], der Johannesoffenbarung, darauf hin, dass es eine Sphäre des Privaten in der Religion gibt (das ist der Christ, Mann der Güte und Liebe) und eine gemeine und barbarische Sphäre, die Apokalypse, die er als „das Buch der Zombies" definiert. Als du diesen Zeitraum zwischen Leben und Tod erwähntest, dachte ich an diese Zombies. Das Problem ist, dass es nicht das Buch des Privaten ist, das in den Augen der Muslime obsiegte, sondern das zweite. Warum können sich die muslimischen Intellektuellen nicht dieser Lesart annehmen?

A: Das traditionelle islamische Denken hat nie seine Ablehnung und seinen Hass gegen die Philosophie verhehlt. Wir kommen auf die Gewalt als Geschichte, als Denken, als Praxis und als Weltsicht zurück. Die philosophische Reflexion hat hier keinen Platz, da die Offenbarung unterstreicht, wie immer wieder von mir betont, dass der Prophet der Muslime das Siegel der Propheten ist, dass er die höchsten Wahrheiten sprach, dass der Mensch nichts mehr zu sagen oder hinzuzufügen hat. Und treibt man diesen Gedankengang bis zum Äußersten, hieße das, dass Gott selbst nichts mehr zu sagen, noch dem Gesagten etwas hinzuzufügen hat, weil Er Sein letztes Wort Seinem letzten Prophe-

68 D.H. Lawrence: *Die Apokalypse* [übersetzt von Axel Monte]. Ostfildern: Patmos, 2000.

ten gesagt hat. Vom kulturellen Standpunkt aus gesehen heißt das: 1) Es gibt nur einen einzigen Gott. Das ist der Gott des Islam. 2) Er ist Derjenige, der schafft und formt. Also ist er der einzige Schöpfer. 3) Es gibt nur ein einziges Buch. Das ist der Koran. 4) Es gibt nur ein einziges Universum: das der Muslime. Es gibt keinen Platz für andere Glaubensrichtungen oder andere Gläubige innerhalb der muslimischen Gesellschaft. 5) Die Welt muss islamisch werden, da es nur eine Religion gibt, den Islam. Außerdem, wenn du sagst: „es gibt einen einzigen Gott", handelt es sich nicht um irgendeinen Gott, sondern um den Gott der Muslime. Es gibt einen einzigen Gott, so wie es auch nur eine einzige Kultur gibt. Das hier lebende Individuum muss Muslim sein, oder es wird zum Abtrünnigen erklärt. Nun aber bedeutet die Ausstoßung des anderen, des Ungläubigen, dass es keine Gleichheit gibt. Dabei sollte es uns um Gleichheit und nicht um Toleranz gehen. Die Pluralität ist kostbar. Am Anfang war die Vielfalt und nicht das Eine. Die Idee des Einen gehört zur Ideologie.

H: Wenn der Koran die anderen monotheistischen Religionen beschuldigt, den Text gefälscht zu haben, ohne zu erklären, was gefälscht wurde, vergeht er sich an den genannten Religionen des Buches, und übt ihnen gegenüber Gewalt aus.

A: Es gibt viele Untersuchungen über die Bibel und das Christentum, aber nicht über den Islam.

H: Auch sollte diese Gewalt gegenüber den vorislamischen Kulturen erwähnt werden. Der Islam erkennt sie schlichtweg nicht an. Die religiöse Institution lehnte konstruktive Vergleiche bzw. das, was heute Kulturwissenschaften leisten, ab, nämlich eine vergleichende Herangehensweise, die den Reichtum und die Vielfalt jeder einzelnen Kultur herausarbeitet.

A: Ebenso, wie er die Idee des Subjekts oder des freien Individuums ablehnt.

H: Du hast einen Artikel über diese Frage verfasst, der in den Beiträgen des Kolloquiums „Die Psyche bei den Arabern"[69] veröffentlicht wurde, und diese Frage erneut auf dem von Basarab Nicolescu 2015 ausgerichteten CIRET[70]-Kongress im Collège Bernardins aufgegriffen.

A: Ich stellte mir Fragen über die Probleme der Subjektivität innerhalb der salafistischen islamischen

69 Beiträge des ersten arabischsprachigen Psychoanalysekongresses, der vom 20.-23. Mai 2004 in Paris im Unesco Palast stattfand. Die Psyche in der arabischen Kultur und ihre Beziehung zur Psychoanalyse. Beirut: Dâr al Fârâbî, 2004.

70 CIRET – Internationales Zentrum für interdisziplinäre Forschung

Kultur. Ich sagte, dass das Ich des Individuums hier nicht durch seine innere Welt, sondern durch den Text und den Konsens der Gemeinschaft bestimmt wird. Das Ich hat also nicht eine wirkliche Sphäre, um sich zu bewegen oder seine Kreativität auszuleben. Das Ich löst sich in der Gemeinschaft auf, die zu einer Maschine wird, die die Freiheit des Individuums bricht. Der Mensch wird in der islamischen Kultur, in der Umma (Gemeinschaft), als winziges Zeichen oder ein erstarrtes Wort in einem Buch geboren. Dem Bewusstsein des Individuums wird nur eins abverlangt: dem göttlichen Text zu folgen. Das Individuum wird zum Gefangenen des Textes. Heraklit sagte: „Die Persönlichkeit des Menschen ist sein Dämon", nämlich sein inneres und freies Potential. Und der erste Auftrag der Religion besteht darin, diesen inneren Dämon zu töten.

H: Dabei kann doch der Dämon der freie und kreative Teil des Individuums sein.

A: Die Wahrheit der Welt liegt nicht in der Welt, sondern in dem universell geltenden Text. Und das Individuum muss sich dem Text und der Gemeinschaft unterordnen, die keinerlei Distanz zum Text zulässt. Der arabische Mensch lebt, den Worten von Abû l-'Alâ' al-Ma'aari zufolge, in „zwei Gefängnissen": in der salafistischen Auslegung des religiösen Textes und der

Auflösung des Ich in der Umma, der Gemeinschaft.

H: Die Freiheit scheint weit entfernt. Wie erlangt man sie? Ich habe den Eindruck, vor einem Kafkaschen Schloss zu stehen.

A: Historisch, wissenschaftlich und menschlich gesehen gibt es nicht die eine Wahrheit. Sie ist nämlich vielgestaltig und komplex. Und wenn man auch darin übereinstimmt, dass Gott Ein ist in einem Himmel, so sind doch die Gläubigen facettenreich und verschieden im Ausleben ihres Glaubens. Jeder hat seine eigene Wahrheit. In der Vielfalt der Religionen, Kulturen und Ideen liegen der Sinn des Menschseins und der Sinn des Universums. Verschiedenen Kulturen und Religionen eine einzige Religion und eine einzige Kultur unter dem Vorwand aufzuzwingen, dass sie vollendet seien, stellt einen Angriff auf den Menschen und auf die Wahrheit dar.

H: Züchtigung ereilt jeden, der danach trachtet, sich von der totalitären Seite der Religion zu befreien. Im Namen des Koran wird der Dialog mit dem Anderen nicht akzeptiert.

A: Dabei wird vergessen, dass Gott selbst mit Satan in einen Dialog trat. Heute allerdings wird der Dialog zurückgewiesen. Den Dialog zu verweigern heißt aber, sich zu verschließen, sich abzuschotten, was einer regelrechten Gewalt gleichkommt. Das Individuum hat sich innerhalb der von den Geboten vorgezeichneten Kreise aufzuhalten. Andersgläubige werden im Jenseits und im Diesseits bedroht. Diejenigen, die heute unter dem Vorwand, ihre Wahrheit zu verteidigen oder sie mit aller Macht den anderen aufzuzwingen, auf Gewalt zurückgreifen, zerstören diese Wahrheit und im gleichen Atemzuge die Freiheit. Deshalb wäre es der erste Schritt, die wissenschaftliche Forschung in der arabischen Welt von jedem Zwang und jeder direkten oder indirekten Gewalt zu befreien. Denn eine Gesellschaft, in der die Wahrheit nicht frei geäußert werden darf, ist eine unfreie Gesellschaft.

H: Hannah Arendt schrieb: „Kein Denken ohne Freiheit."

A: Es gibt nur dann Existenz, wenn es Freiheit gibt. Den Menschen seiner Freiheit zu berauben, heißt, ihn seiner Sprache zu berauben. Und wenn man sagt, dass die Sprache ein Ausdrucksmittel ist, wie kann dann der arabische Mensch seine Freiheit ausdrücken, wo er doch seiner ganz persönlichen Sprache beraubt ist? Wie könnte eine unpersönliche, nicht individuelle Sprache das Bewusstsein einer Person wiederspiegeln?

H: Die Apokalypse ist ein mehrschichtiger Text. Es gibt Johannes, der über den vornehmen, kultivierten, eigenständigen und sanften Jesus spricht. Und es gibt die Apokalypse, die ein Buch des Hasses ist. D.H. Lawrence würdigt in seinem Apokalypse betitelten Essay nicht nur Jesus, sondern auch Judas, wenn er sagt, dass Jesus ohne die Tragödie von Judas niemals Jesus geworden wäre. Subtil folgerte Lawrence daraus, die Menschen, die Christus anbeten, würdigten in Wirklichkeit Judas. Uns fehlen im Islam derartige Lesarten.

A: Weil das Denken mit einem Verbot belastet ist. Denken und Hinterfragen werden nicht geduldet. Der Korantext darf keinerlei Kritik oder Kontroverse unterzogen werden. Zumal er tagtäglich wie eine Geschichte wiederholt wird, die sich der Muslim, abgekehrt von seinem Inneren, selbst erzählt. Er wird Mitläufer, um nach den Geboten und dem Heiligen Kodex, einem wohlgemerkt prohibitiven Kodex, zu leben.

H: Der Koran, der nach dem Christentum kam, hat vom Christentum nicht die Güte Jesu übernommen, sondern den Hass der Apokalypse. Die Apokalypse ist das Buch höchster Gewalt, sagt Gilles Deleuze, das sich nicht auf Pluralität beruft, da die Macht eines gnadenlosen Gottes über alle anderen Mächte richtet.

A: Gilles Deleuze hat vollkommen Recht. Von der historischen Erfahrung her gesehen, lässt sich, was die Praxis betrifft, sagen, dass der Islam mehr eine Ausübung der Macht als ein Projekt für eine neue Menschlichkeit war. Er ist keine Religion der Erkenntnis, des Hinterfragens, der Entfaltung des Individuums. Er ist eine Religion der Macht. Dies bezeugt auch noch der heutige Islam.

H: Heute bemächtigt sich Daesch um der Ausdehnung seiner Macht willen der Gas- und Erdölfelder und bereichert sich ebenfalls durch den Verkauf von Pillen an die Dschihadisten. Einmal mehr: Geld und Sexualität.

A: Das ist der Inbegriff der Gewalt der Vergangenheit. Keinerlei Fortschritt, da der höchste Fortschritt bereits zum Zeitpunkt der Offenbarung ein für alle Mal erreicht wurde. Der herrschenden Auslegung des Koran zufolge ist, so wie es geschrieben steht: „Der Islam ist die einzige Religion". Und diese Offenbarung, die den höchsten Fortschritt in der Geschichte der Menschheit verkörpert, muss nun gelebt werden. Wenn man sagt, Daesch sei die Verkörperung der

Vergangenheit mitsamt seines Gewaltanteils, heißt das, dass der Islam nicht eine Befreiungsbotschaft, sondern ein Aufruf zur Unterwerfung, zum ewigen Krieg ist, um die Menschheit zu islamisieren.

H: Ich denke, dass es nicht um eine Wiederkehr des Verdrängten geht, sondern um die Wiederkehr des Gespaltenen, dieser seit der Gründung andauernden Gewalt also, die keiner Reflexion unterzogen wurde und durch Sakralisierung von allem, was mit dem Islam und seiner Entstehung zusammenhängt, in sich verkapselt bleibt. Diese verkapselte Gewalt tritt nun wieder an die Oberfläche, und konfrontiert uns mit nie gestellten Fragen.

A: Das ist sehr schön gesagt. Diejenigen, die zu denken versuchten oder neue Denkrichtungen einschlugen, wurden wie die Mystiker, Philosophen und Dichter marginalisiert oder bekämpft. Sie waren Denker, sie interpretierten, setzten ihr Urteilsvermögen und ihre Kreativität ein, doch wurden sie verbannt oder ermordet.

H: Ich komme noch einmal auf Gilles Deleuze zurück. In Bezug auf die Apokalypse spricht er von einer erschreckend langen Zeit. In der Botschaft Christi steckt die Idee einer Ewigkeit im Leben. Oft sprachst du von einer Lebensfülle, einer Ewigkeit der Lebenszeit.

A: Genau. Alles kippte mit der Entstehung der Kirche als Institution. Doch für den Islam stellen wir ein völliges Fehlen des Menschen als Mensch und eine Absage an sein Ich fest. Die Revolutionen von heute predigen einen Aufstieg in den Himmel oder einen Fall in die Hölle.

H: In Commencement du corps, fin de l'océan [Anfang des Körpers, Ende des Ozeans] erwähnst du das dschanna (Paradies). Denke ich an das dschanna mit seinen Strömen, in denen Honig fließt, seinen huris [Jungfrauen] und seinen Mundschenken in den Texten der Hagiographen, finde ich die Bilder ärmlich, ja dürftig. Der Mensch, der diese Texte liest, frohlockt, doch dabei ist er dazu verdammt, die Ewigkeit damit zu verbringen, zu trinken, zu essen und zu kopulieren. Wo bleibt da die Spiritualität?

A: Gott muss den Menschen wohl verabscheut haben, wenn er ihn zum bloßen Essen, Trinken und Kopulieren verdammt.

H: Als sei der Mensch kein Kulturwesen. An dieser Stelle verdient der Begriff der Sublimierung eine nähere Betrachtung.

A: Der Begriff der Kultur fehlt ebenso wie der Begriff der Natur selbst. Die Natur spielt in der islamischen Vision keine Rolle. Ich frage mich, ob das der Grund dafür ist, dass der muslimische Monotheismus zwei Dimensionen (bu'd) vermissen lässt: die ästhetische und die wissenschaftliche Dimension.

H: Das heißt?

A: Die Natur ist ihrem Wesen nach der Ort von Pluralität. Doch diese Natur fehlt in der ausschließlich auf der Idee der absoluten Einheit fokussierten islamischen Sicht. Weil die Schönheit allein die des Einzigen und seines Wortes ist, kommt die Erkenntnis nicht aus der Natur, sondern vom Einzigen, der alles weiß und Quelle jeglicher Erkenntnis ist. Wissen und Erkenntnis liegen einzig in der Offenbarung. Ich meine sogar, dass das Darstellungsverbot ein Ergebnis der fehlenden Beschreibung des Facettenreichtums der Natur ist. Und die Geringschätzung der Frau ergibt sich aus diesem Nichtvorhandensein der Natur. Dabei ist doch die Frau ihr edelstes Abbild.

H: Du forderst uns auf, die Frage nach dem vom Alten Testament hochgehaltenen und vom Koran übernommenen Darstellungsverbot einer neuen Betrachtung zu unterziehen.

A: Das kommt in der Sprache selbst zum Ausdruck, da nämlich nur Gottes Wort oder das der Offenbarung gilt. Daher die Bedeutung des fiqh (der islamischen Rechtswissenschaft), der die Welt in Worte kleidete, und den Menschen aus der Welt der Natur in die Welt der Sprache warf. Der fiqh machte die Rechte des Individuums zunichte, indem er sich auf die Begriffe vom Zulässigen und Unzulässigen stützte, und damit den Begriff der Freiheit einschränkte und die Bedingungen für die Erkenntnis vorzeichnete. So wird die Kultur zu einer reinen „Unterweisung" unter dem Banner des Gesetzes. Das Leben selbst reduziert sich auf eine Welt von Verboten und Tabus. Wir können uns in der arabischen Welt nur dann befreien, wenn wir mit dem fiqh brechen. Dieser hat im Islam eine äußerst enge und ärmliche, historisch an die Ausübung der Macht gebundene Sichtweise geschaffen. Der fiqh war weder eine Befreiung noch eine Erforschung philosophischer oder wissenschaftlicher Horizonte, sondern eine Rechtsschule, die der politischen Macht und dem Kalifat folgte und sie rechtfertigte.

H: André Malraux schreibt 1956 in einem Text, dass unsere Epoche vor allem von der Gewalt des vordrängenden Islam gekennzeichnet ist. Von den meisten Zeitgenossen jedoch unterschätzt, scheint der Westen kaum auf die Lösung des Problems vorbereitet zu sein.

A: Hier sei angemerkt, dass er vom arabischen Islam sprach. Ich komme gerade aus dem indischen Kerala zurück. Ich war beeindruckt von der religiösen Vielfalt. Die Gesellschaft setzt sich aus Hindus, ungefähr sechzig Prozent der Bevölkerung, Muslimen und Christen zusammen. Die Menschen sind sich dieser Vielfalt bewusst und verteidigen sie. Bei Diskussionen mit Hindus, Christen und Muslimen stellte ich fest, dass die Muslime Teil des sozialen Geflechts sind. Dennoch beginnt sich auch dort die Mentalität des arabischen Islam auszubreiten.
Heute sieht man mehr und mehr verschleierte Mädchen und Frauen. Das sagt viel über den saudischen Einfluss aus, der zunehmend den öffentlichen Raum einnimmt.

Die Frau und die Mäander des Korantextes

H: „Ich will euch [den Traum] erzählen, um euer Herz zu erfreuen: Es ist die Liebe, die mich darum bittet und es befiehlt. Und wenn mich jemand fragte, wie die Erzählung heißen soll, so antworte ich ihm, das ist Der Rosenroman, der die ganze Kunst der Liebe enthält. Gott möge mir die Gnade erweisen, dass diese, für die er bestimmt ist, ihn annimmt: das ist die, die so wertvoll und würdig ist, geliebt zu werden, dass sie die Rose genannt werden muss.[71]
In Commencement du corps, fin de l'océan, tritt die Frau in erhabener Form in Erscheinung. Die Poesie bleibt die Verbündete des Weiblichen und der Frau.

A: Poetisch gesehen ist das Universum weiblich.

H: Das arabische Schrifttum bewahrt den Namen von Rebellinnen und Vorkämpferinnen. Râbi'a[72] war Wegbereiterin der muslimischen Mystik. Fâtima erinnerte daran, dass der Prophet ein Sterblicher

71 Guillaume de Lorris und Jean de Meung: *Le roman de la Rose*. Paris: Gallimard, 1984.

72 Râb'a. Erste Mystikerin des Islam. Geboren in Bassora und 135 n. d. H. gestorben.

unter den Sterblichen war, Aicha[73] hat sich nicht nur der Sure widersetzt, die von den Frauen des Propheten verlangte, still das Haus zu hüten[74], sondern auch einen Krieg geführt.

A: Weil auf die Frau stets herabgeschaut oder sie buchstäblich in den Schatten gestellt wurde. Sie hatte keine Entscheidungsgewalt, sondern galt stets als zweitrangig. Sie war im Grunde nicht Teil dessen, was eine Gesellschaft ausmacht. Sie war Zierrat. Das rief bei ihr ein Unrechtsbewusstsein und ein Gefühl der Ablehnung hervor. Da sie jedoch nicht arbeiten durfte und ihrer Selbständigkeit beraubt war, hatte sie nicht oft die Möglichkeit, sich gegen ein System aufzulehnen, das sie herabwürdigte. Dennoch gab es revolutionäre Figuren, wie die von dir erwähnten Frauen: Aicha, Fâtima, Râbi'a und vor allem Sajâh. Sie war die bedeutendste, da sie als Stammeschefin Macht ausübte.

H: Ich entdeckte sie erst bei der Lektüre von Al-Kitâb, da es nur wenige Texte gibt, die sie erwähnen. Sie stand in Verbindung mit Frauen wie Bilqis, der Königin von Saba. Sie strebte weder Mekka noch Medina an, sondern heiratete aus reiner Liebe. Sie muss dich wohl dermaßen fasziniert haben, dass du ihr ein wunderschönes Gedicht im ersten Band von

73 Aicha. Die jüngste Ehefrau Mohammeds.
74 Koran, 33:33.

Al-Kitâb[75] widmetest.

A: Sie hatte auf einer sehr außergewöhnlichen Mitgift bestanden: Die Ehe sollte sie von der Religion und der Bürde der Tradition entbinden. Als ob sie zu Musailima, dem künftigen Gatten, gesagt hätte: „Ich nehme die Ehe unter der Bedingung an, dass du mich von den Ketten der Religion befreist. Unsere Eheschließung hat nichts mit der Religion zu tun." Das ist wunderbar!

H: Sie brach in der Tat mit der Tradition. Mit der Ausschlagung der Mitgift brachte sie ihre Nichtkäuflichkeit zum Ausdruck. Und als kluges Oberhaupt hatte sie für ihr Volk Unmengen von Getreide herausgehandelt, die Musailimas Stadt Al-Yamâma ihrem Volk überlassen musste. Sie war wohlgemerkt Herrscherin über vier Stämme. Unter ihrem Kommando standen auch ihre Oheime. Die Männer ihres Stammes fühlten sich keineswegs gedemütigt, von einer Frau beherrscht zu werden.

A: Eine der wesentlichen Voraussetzungen für eine erfolgreiche Revolution besteht darin, alles Religiöses in den Hintergrund zu stellen. Die Begegnung zwischen Sajâh und Musailima war eine Begegnung zwischen einer Frau und einem Mann. Das war eine Form des Laizismus in der Überwindung der Religi-

75 Adonis: *Al-Kitâb*. Paris: Seuil, 2007, S. 28.

on, ihrer Gebote und Bedingungen.

H: Die sexuelle Begegnung ist an sich schon laizistisch. Was heißt das?

A: Sie überwindet die Religion. Sajâh lebte dies in einer Zeit aus, als der Islam nach und nach die Herrschaft übernahm. Sie leugnete schlichtweg die Regeln des Islam.

H: Oder eine Art zu leben. Auch Aicha übertrat die von ihrem Mann, dem Propheten, aufgestellten Regeln, Râbi'a war die Erste, noch vor al-Hallâj[76], die die Zerstörung der Ka'ba zugunsten einer von allen Dogmen befreiten Spiritualität forderte.

A: All diese Frauen lehnten sich im Grunde gegen die Gebote des Islam auf, das bezeugt ihr Tun. Dennoch sollte die Unterstützung durch ihre Partner nicht vernachlässigt werden. Männer standen Aicha und Sajâh zur Seite. Sie schlossen sich dieser Revolution an, die auf dieser engen und freien Beziehung zwischen Mann und Frau beruhte. Männer, die der Revolte der Frauen zustimmten und das revolutionäre weibliche Geschlecht unterstützten, sind Teil dieses Weiblichen, weshalb es weit mehr als die Frau ist. Das ist eine Art vertrauliche Be-

76 Al-Hallâj. Berühmtester Mystiker der Geschichte des Islam. 244/585 in Fars geboren, 309/922 gekreuzigt.

gegnung zwischen zwei Menschen jenseits ihrer Sexualität und jenseits ihres Geschlechts. Wir haben einerseits den Islam, der die Frau unterwirft und diese Knechtschaft durch den Korantext festlegt, andererseits den Dichter, der das Weibliche wie ein Begehren und eine Wiedergeburt definiert. Das Weibliche erneuert sich stetig. Es ist schlechthin das Unendliche. Das Weibliche ist seinem Wesen nach antireligiös.

A: Um eine sich stets erneuernde Unendlichkeit zu erwähnen: Ibn ʿArabi überlässt Bilqis das Wort, so wie Sokrates die den von ihm verinnerlichten Geist der Diotima sprechen lässt.

A: Genau. Doch der gewöhnliche Mann steht auf Seiten der Religion, weil die Religion mit der Macht einhergeht. Und weil er auf Seiten der Macht steht, will er das Weibliche beherrschen.

H: Auf diesen Unterschied zwischen dem theologischen und dem mystischen Text kommt man immer wieder zurück. In Letzterem rühmt die Frau (Bilqis) die Bewegung oder die schwungvolle Kalligraphie, der Mann (Salomon) wird von der Sehnsucht nach Besitz, Stärke und Triumph bestimmt. Georges Bataille, der als letzter Mystiker gilt, meinte, dass der Obelisk auf der Place de la Concorde in Paris abgebaut werden müsse, da er hierin das Symbol der phallischen Besitzergreifung sehe.

A: Ich bin vollkommen damit einverstanden. Da das Weibliche, wie die Poesie, im Wesentlichen gegen die Religion ist. Die Poesie ist das Gegenstück zum religiösen Geist. Warum? Weil die Religion eine Antwort ist. Die Poesie dagegen eine Frage, und als solche ist sie auch der Widerpart zur Macht. In diesem Sinne gibt es eine große Schnittmenge zwischen der Poesie und der Weiblichkeit. Der Islam bekämpfte beide. Er veränderte die Sexualität und islamisierte das Weibliche. Er verzerrte dessen Wesen, indem er es zu einem Eigentum oder zu einem Besitzobjekt erklärte. Die Frau gehört sich nicht mehr selbst. Sie wurde zum Objekt des Mannes. Der Islam trennte Männlichkeit und Weiblichkeit radikal voneinander.

H: Wobei doch in jedem von uns Bisexualität ist. Die Religion ordnete allerdings das Männliche der Macht zu und das Weibliche der Unterwerfung.

A: Schlimmer noch. Das Männliche wird zum Symbol Gottes. Er ist der König, der Kalif auf Erden. Und die Frau ist sein Eigentum.

H: Im Korantext heißt es:

„Eure Weiber sind euch ein Acker [harth]. Gehet zu euerm Acker, von wannen ihr wollt […][77]."

A: Und weil sie harth (Acker) ist, lebt sie nur, um zu zeugen. All ihre Weiblichkeit, all ihre revolutionäre Dimension, alle ihre Schönheit als wesentliches Element der Existenz, ja des Kosmos, sind dazu bestimmt, sich zurückzunehmen oder zu weichen.

H: Ein anderer Vers sagt:
„Diejenigen aber, für deren Widerspenstigkeit ihr fürchtet – warnet sie, verbannet sie in die Schlafgemächer und schlagt sie[78]."
Ohne von mâ malakat al-yamîn, wortwörtlich „was der Mann besitzt", zu sprechen. Es heißt:
„[…] so nehmt euch zu Weibern, die euch gut dünken, (nur) zwei oder drei oder vier; […] oder was eure Rechte (an Sklavinnen) besitzt[79]."
Ich erinnere daran, dass „nehmen" eine Übersetzung des Verbes inkahû ist, dass „nehmt sie" einen sexuellen Sinn hat. Es ließe sich wie folgt übersetzen: „Nehmt von ihnen nach Gutdünken Besitz…"

A: Und um die Überlegenheit des Mannes noch zu verstärken, machte die Religion aus der Frau ein Symbol der Sünde.

77 Koran, 2:223.
78 Koran, 4:34.
79 Koran, 4:3.

H: Das ist seit dem Alten Testament so. In dieser Hinsicht hat der Islam nichts Neues geschaffen, sondern den biblischen Text weitergeführt.

A: Der Islam hat diesen Gedanken weiterverfolgt und verstärkt. Er hat die Frau in ein Besitzobjekt und die Sexualität in einen Kodex verwandelt. Auf diese Weise hat er die Sexualität zu einem Gesetz gemacht. Wir leben hinfort mit den Kategorien des Erlaubten und Unerlaubten. Die Weiblichkeit ist ein Objekt des Erlaubten und Unerlaubten geworden, ein kodifiziertes Objekt also. Das ist der Gipfel der Verzerrung und der Negierung des Weiblichen, der Frau und des Verlangens. Die Religion hat das Begehren verunstaltet. Sie hat Sexualität und Liebe entstellt. Ich würde sogar sagen, dass sie die Liebe zunichte gemacht hat.

H: Im Alten Testament steht zumindest, dass der Mann Vater und Mutter verlässt, um seiner Frau zu folgen. Derartige Sätze sind nicht im Koran zu finden.

A: Ich korrigiere: Der Islam hat die Sexualität verzerrt, er hat die Liebe negiert und die Beziehung zwischen dem weiblichen Ich und dem männlichen Anderen entstellt. Es bleibt nur die zwischen dem Herren und dem Sklaven, zwischen dem, der besitzt und dem besessenen Objekt. Den Muslimen ist es entgangen, dass diese Denkart sogar der Religion Abbruch tat, weil sie sie zu einem Mittel machte, das Besitz rechtfertigt und Spiritualität ausschaltet. Erst die Mystiker wandten sich ihr wieder zu.

H: Die Mystiker sprachen noch vor Freud von einer psychischen Bisexualität. Jeder Mensch hat diese beiden Attribute in sich. Der Übergang von den sumerischen oder griechischen Göttinnen zu den Frauen, die zum Eigentum oder Schatten oder Gespenst werden, ist verstörend. Es ist, als ob der Islam den von der Bibel hochgehaltenen Phalluskult verstärkte und als ob er einzig dazu entstanden wäre, die Frau zu unterdrücken.

A: Er hat die Figur der Frau als Mensch selbst verändert. Wenn wir sagen: „die Frau im Islam" richten sich die Gedanken automatisch auf ihr Geschlechtsorgan. Die Frau ist ein Geschlechtsorgan. Der Islam hat die Frau als solche getötet. Es gibt keine Frau mehr, nur noch ein Geschlechtsorgan oder ein Gespenst, das „die Frau" heißt. Er hat aus ihr ein Werkzeug des männlichen Verlangens und Vergnügens gemacht. Und er hat die Natur dazu benutzt, um seine Herrschaft und seine Macht zu errichten und zu festigen.

H: Mehr Virilität für den Mann und mehr Knechtschaft für die Frau. Diskutieren, hinterfragen, verändern bedeutet notwendig Gotteslästerung.

A: Und auf Erden darf der Frau nur nach dem Kodex und dem Gesetz begegnet werden. Ich würde sogar noch weitergehen, wenn ich sage, dass der Islam in dieser Hinsicht eine istibâha ist.

H: Istibâha bedeutet „Libertinage“.

A: Eine Libertinage im Namen der Religion. Eine, zwei, drei, vier Frauen und unzählige Gefangene dazu. Historisch und religiös hat der Islam immer Eroberungen und Gefangennahme (saby) gefördert.

H: Heute, im 21. Jahrhundert werden gefangene Frauen in Käfigen zum Verkauf angeboten. Der sogenannte Islamische Staat legt den Preis fest. Die jüngeren, die Mädchen sind am teuersten. Das ist entsetzlich!

A: Das ist entsetzlich, das stimmt. Aber das ist durch und durch religiös. Die Jüngste ist die teuerste, weil sie Jungfrau ist. Ich sage es schon seit langem, dass die Muslime seit eh und je von der Liebe zum Geld besessen sind. Geld als Macht. Du sagtest, im 21. Jahrhundert. Ja, aber für den sogenannten Islamischen Staat existieren die Begriffe vom Menschen und der Menschenwürde nicht.

H: Die Bilder sind abscheulich. Frauen in Käfigen, in Weiß gekleidet, um zu kennzeichnen, dass sie fortan Sunnitinnen sind. Ich messe den Fortschritt einer Gesellschaft daran, wie sie mit der Frauenfrage umgeht. Die arabo-muslimische Gesellschaft steht heute außerhalb der Geschichte.

A: Die vorislamische Frau war frei, zumindest freier als die Frau im Islam.

H: Sogar das Weibliche im Mann wird verurteilt.

A: Das Weibliche wird verbannt. Es bleibt die Liebe für den Besitz und die von den Koranversen genährte Sinnenfreude mit den huris. Das sind eigentlich keine Frauen, sondern andere Wesen, die ausschließlich die Sexualität verkörpern. Die Frau auf Erden existiert. Doch der Islam erzeugt ein außergewöhnliches Phantasiebild, indem er etwas noch Eindrucksvolleres wachruft: die huri. Die Idee des Paradieses ist auf diesen unbegrenzten und völlig anderen Vergnügungen gegründet. Himmel und Erden beruhen auf der Sexualität.

H: Der Korantext hat dem Mann vier Frauen gegeben. Doch der Prophet hatte neben seinen neun Frauen das Recht, Konkubinen zu haben, deren Zahl der Koran nicht beschränkte. In dem dazugehörigen Vers heißt es: „[…] zwei, drei oder vier [Weiber] […][80].“ Der Himmel wird für den Mann eine Verlängerung des auf Erden beginnenden sexuellen Vergnügens.

A: Und das fortan kein Ende kennt. Der Mann des Islam ist ein Wüstling. Die Religion gewährt ihm die absolute Freiheit im Besitz von Frauen hienieden und im Paradies. Das Vergnügen kennt keinerlei Beschränkung, keine Grenze.

H: Auf YouTube werden wir von einer wachsenden Zahl von Videos von Islamisten überschüttet. Ein Imam erklärt, dass der Mann auf dem Weg zur Arbeit, der eine „aufreizende“ Frau sieht, kehrtmachen muss, um bei der Seinen seine Libido zu entladen. Die muslimische Frau darf nicht arbeiten, um stets zu Hause zu bleiben und die sexuellen Bedürfnisse ihres Mannes zu befriedigen.

A: Das Schlimmste ist, dass arabische und muslimische Revolutionäre aufhören revolutionär zu sein, sobald es um die Frage der Frauen geht. Die Revolutionäre werden dann wie die Fundamentalisten.

H: Es war letztendlich die Frauenfrage, die dich dazu bewog, die Arbeit an der Revue Mawâqif zu beenden.

---

80 Koran, 4:3.

A: Absolut. Das Redaktionskomitee wollte eine ganze Nummer der Revue der Frauenfrage in der arabischen Welt und im Korantext widmen. Dazu wurde ein Spezialist für muslimisches Recht gebeten, einen Artikel über die Lage der muslimischen Frau im Lichte der Gesetzestexte und der Rechtswissenschaften zu schreiben. Er wies das Angebot jedoch zurück. Auch andere Juristen scheuten sich, eine solche Aufgabe zu übernehmen. Also beschloss ich, die Revue einzustellen.

H: War es die Angst oder die Schwierigkeit, sich mit Texten auseinanderzusetzen, die Unrecht beinhalten?

A: Die Wahrheit zu sagen schließt die Gefahr ein, bedroht, verurteilt und verfolgt zu werden. In unseren Ländern riskiert das Individuum sein Leben, sobald es beginnt, über seine Kultur nachzudenken. An diesem Tage realisierte ich, dass die politische und religiöse Zensur seit fünfzehn Jahrhunderten besteht, und dass sie das Wesen unserer Kultur ausmacht. Ich wollte meine Zeit lieber nicht mehr mit einer Revue verbringen, die nicht das Recht auf Meinungsäußerung und Gedankenfreiheit verteidigen darf. Ich wollte nicht mehr die Lüge einer Revolte unterstützen, die die Hauptprobleme unseres Alltags nicht aufzugreifen wagt. Deshalb entschloss ich mich, die Revue einzustellen.

H: Mawâqif war eine revolutionäre Revue auf dem Gebiet der Poesie, der Essayistik und Politik. Schriftsteller hatten es gewagt, die Politik von Nasser anzugreifen, als er noch auf dem Gipfel seines Ruhmes stand. Sobald es allerdings um die Frau ging, kam es zu Befangenheit und Ablehnung. Das Thema muss tabu bleiben.

A: Am religiösen Kern des Arabers hat sich nichts geändert.

H: Pierre Bourdieu bedauerte in einem Gespräch mit Günter Grass, dass die Intellektuellen „nicht öfter ihre Klappe aufmachen“. Wie lässt es sich erklären, dass diese Bilder von gedemütigten, terrorisierten, geschundenen Frauen in der arabischen Welt nicht einen Aufstand hervorgerufen haben?

A: Die Muslime begehen diese Taten bewusst oder unbewusst, weil sie in eine Kultur und eine Religion hineingeboren wurden, die schon immer die Frau herabsetzt hat. Das ist im Unterbewusstsein der Muslime verankert. Die Frau ist kein menschliches Wesen, sie ist ein Objekt, das gekauft oder verkauft werden kann. Frauen in Käfige sperren, sie verkaufen, je nach Alter oder Schönheit einen Preis festlegen ist Teil der Geschichte der arabischen Frau. Das ist nicht neu. Die Frau im Islam ist mehr ein Objekt denn ein Mensch.

H: Außer der Unheimlichkeit des weiblichen Geschlechts denke ich, dass unsere Intellektuellen deshalb nicht protestieren, weil die Religion dem Mann zu viele Privilegien zubilligte. Du sprachst von den Revolutionären, die im Grunde Fundamentalisten blieben, diese Erfahrung musste ich am eigenen Leibe machen, als ich auf Kongressen über das Thema der Frau sprach.

A: Das ist betrüblich. Der arabische Mann lebt nicht auf seiner Erde. Er ist nicht in seiner Geschichte. Er ist weder in Europa, noch in Asien noch in Ozeanien. Er lebt im Himmel. Alle muslimischen Araber leben im Himmel. Man könnte meinen, dass sie mit der Erde oder der Geschichte nichts zu tun hätten.

H: In Tunesien nahmen die Konservativen die allgemeine Konfusion zum Anlass, um alles über Bord zu werfen, was Bourguiba versucht hatte einzuführen, insbesondere die Gleichheit zwischen Mann und Frau. Allerdings, und das verdient hier Erwähnung, hatte er das Erbrecht ausgespart.

A: Der Koran sagt in der Tat: „Allah schreibt euch vor […] dem Knaben zweier Mädchen Anteil zu geben[81].“ Bourguiba setzte alles daran, den Laizismus einzuführen. Vergessen wir nicht, dass Gleichheit und Demokratie weder aus dem Korantext noch aus der Geschichte der Araber hervorgehen. Die

81 Koran, 4:11.

Demokratie kommt aus dem Westen. Wir sprechen heute von Freiheit. Doch die Freiheit ist ein Begriff, der nicht in der Schrift vorkommt, generell kaum im islamischen Kontext. Freiheit und Demokratie sind Begriffe, die im Westen entstanden, sie wurden durch das westliche Denken geprägt.

H: Die Frau ist die größte Verliererin des arabischen Frühlings.

A: Die Frau hatte nicht viel gewonnen, um heute Verliererin zu sein. Bourguiba hatte versucht, eine Trennung von Religion und Staat einzuführen, die sich günstig auf die Lage der Frau auswirkte. Auch im Nahen Osten gab es für die Frau auf dem Gebiet von Arbeit, Emanzipation und Familienrechten interessante Entwicklungen. Unser Problem leitet sich aber vom Gründungstext ab, der das gesamte soziale und wirtschaftliche Leben in der arabischen Welt bestimmt. Man dachte, dass sich die Lage der Frau verändern würde, allein schon deshalb, weil sie arbeitet und zu weiten Teilen am sozialen und wirtschaftlichen Leben ihres Landes teilnimmt. Leider muss man feststellen, dass sich ihre Lage verschlechtert hat. In der Vergangenheit spielte sie zugegebenermaßen eine zwar untergeordnete Rolle, doch war sie beispielsweise Dichterin, Musikerin, Tänzerin. Sie hatte einen Raum, in dem sie sich beweisen konnte. Heute organisiert Daesch in Syrien und im Irak Wettbewerbe, um den besten Koranleser auszuwählen, der Gewinner erhält eine Gefangene. Das ist eine Erniedrigung für die Frau und für das heilige Buch.

H: Das ist vor allem eine Demütigung für alle Frauen. Ich verstehe deine Gedanken über die Beharrlichkeit der religiösen Geisteshaltung in unseren Ländern inzwischen besser. In Tunesien hätte der Laizismus Früchte tragen können. Doch musste ich erfahren, dass der tunesische Mann lieber eine Algerierin oder eine andere Araberin zur Frau nimmt, weil die Tunesierin zu viele Forderungen stellt, da sie an die von Bourguiba eingeführten Privilegien gewohnt war.

A: Der arabische Mann bleibt generell durch und durch ein religiöses Wesen. Das ist eine erschreckende Feststellung.

H: Als ich die Werke von Antoinette Fouque las, in denen sie die Frage von Sexismus, Frauenfeindlichkeit und Machismus aufgreift, wurde mir klar, dass diese Begriffe im Arabischen fehlen. Es gibt im Arabischen keine Begriffe, die diese Gewaltbeziehung zu Frauen bezeichnen.

A: Ganz anders als in der westlichen Gesellschaft ging in der arabischen Gesellschaft jegliche kulturelle Veränderung an allem vorbei, was Sexualität und Sinnlichkeit betrifft. Die Frau wurde nie als ein mit einem Willen oder einer Fähigkeit zu Eigenständigkeit oder Reflexion ausgestattetes Wesen betrachtet, sie wurde nie als ein autonomes Wesen angesehen, das zum Fortschritt der Gesellschaft beitragen kann. Die Frau bleibt von der männlichen Kultur beherrscht. Und die Religion verstärkte diese Sicht noch. Sie verschaffte ihr sogar eine theoretische Grundlage. Im Koran heißt es:
„Die Männer sind den Weibern überlegen wegen dessen, was Allah den einen vor den anderen gegeben hat […][82]"

H: Auch heißt es dort: „Doch haben die Männer den Vorrang vor ihnen; und Allah ist mächtig und weise[83]." Und die Männer wiederholen, was der Koran sagt. Der Westen kleidete diese an den Frauen begangene Ungerechtigkeit in Begriffe. Diese Wortschöpfungen legen Zeugnis ab von einer sozialen Entwicklung. Nichts von dem in der arabischen Sprache heute.

A: Bis heute ist der Mann in der Alltagsvorstellung der Gebende, die Frau die Empfangende. Er ist aktiv. Sie ist passiv. In der Poesie jedoch herrscht ein anderes Frauenbild vor: Da sind Fatima, Khaoula,

82 Koran, 4:34.
83 Koran, 2:228.

Maia[84]. In der sogenannten weltlichen, höfischen oder mystischen Poesie hat die Frau einen völlig anderen Platz als den ihr im Koran zugewiesenen. Aber um auf deine Bemerkung zurückzukommen, es gibt meines Wissens in der arabischen Sprache heute keine Begriffe für Sexismus, Machismus oder Frauenfeindlichkeit. Im Leben wie in der Sexualität gilt die Frau als passiv. Das Lustprinzip ist auf der Seite des Mannes. Die Frau muss sich damit zufrieden geben, für ihn Ort seines Vergnügens zu sein.

H: Bei der Arbeit mit alten arabischen Texten fand ich einen Ausdruck, den ich erst durch deine Erklärungen verstand: „Sie war tahta fulân“, sie stand unter einem Soundso, das heißt: sie war seine Gattin.

A: Dieser Ausdruck bezeichnet nicht nur die Frau als passiv, sondern spricht Bände über die Geringschätzung gegenüber der Frau. Sie steht buchstäblich unter jemandem. Diese körperliche Position bedeutet Dominanz. Sie kann nur beherrscht oder besessen werden.

H: Die arabische Sprache hat sich nicht weiterentwickelt. Der Begriff ʻadhrâ (Jungfrau) gibt es nur in der weiblichen Form. Als ob der Mann nicht das Ergebnis einer Geschichte oder die Summe ver-

84 Fatima. Die von Imru'u l-Qays besungene Frau. Khaoula ist die Figur der Geliebten im Gedicht von Rarafa, Maia im Gedicht von Abû Tammâm. Siehe *Le Dîwân de la poésie arabe classique* [übersetzt von Houria Abdelouahed und Adonis]. In der Reihe: Poesie. Paris: Gallimard, 2008.

schiedener Erlebnisse ist. Er wird nicht zum Mann, er wird als Mann geboren.

A: Das zeigt, dass die Gesellschaft sich nicht weiterentwickelt hat. Die Frau muss der Ort sein, an dem der Mann all das verwirklichen kann, was er will. Folglich ist sie nur ein Mittel für die Befriedigung des männlich-aktiven-Mannes. Außerdem hatten das Fehlen eines Natur-Begriffs und die religiöse Formatierung zum Ergebnis, dass in der arabischen Kultur ein psychoanalytisches Denken nur sehr schwer entstehen konnte. Vor allem, wenn es um die Frage des Schleiers oder die Frage der Frau geht. Zudem ist die Natur-Frau inexistent. Sie wurde von der durch den Text befehligten Frau ersetzt (die Scharia-Frau). Die Frau verschwand zugunsten der Gebärmutter und die Weiblichkeit wird auf einen Acker für den Mann reduziert.

H: Unsere Gesellschaft sieht in der Mutterschaft die einzige Bestimmung der Frau. Die Menopause heißt auf Arabisch sinnu l'ya's (Zeit der Verzweiflung). Es bleibt der Frau nur, die Hände in den Schoß zu legen und auf den Tod zu warten.

A: Das ist eine ungeheuerliche Ungerechtigkeit gegenüber der Frau und allem, was sie betrifft. Anstatt ein Rätsel oder ein Mysterium zu sein, ist die Natur ebenso wie die Frau ein von Gott für die Befriedigung seiner Gläubigen geschaffenes Feld geworden. Die Wahrheit liegt, so die islamische Sichtweise, in Gottes Händen. Sie beruht auf dem Korantext und nicht auf der Realität der Erfahrung. Folglich wird der Geist verurteilt, sobald er den Wunsch ausdrückt, das Geheimnis des sich verändernden Universums verstehen zu wollen. Die Erkenntnis wurde auf die Offenbarung beschränkt. Das Leben ist eine simple Brücke zum Paradies oder zur anderen, vom heiligen Wort gepriesenen Welt. Es ist diese Legende von der Offenbarungssprache, die die Welt oder die Existenz bestimmt.

H: Über den Schleier als einen Stoff nachzudenken, der den Körper der Frau bedeckt, hindert uns daran, uns diese sehr schönen Texte der Mystik vorzunehmen, die das Wort als Schleier der Dinge beschreiben. Dieser Vorstellung des Schleiers als einer Körperbedeckung liegt ein ärmliches, ja fast vulgäres Verständnis des Schleiers zugrunde, der mit der Reflexion der Mystiker oder der sehr subtilen, Voiles [Schleier] betitelten Abhandlung von Jacques Derrida und Hélène Cixous beispielsweise kontrastiert.

A: Die Weiblichkeit hat sich in der Gebärmutter aufgelöst. Sie ist zu einem Acker geworden. Und wenn die Zeit, in der sophokleschen Perspektive, die Wahrheiten ans Licht bringt, werden sie in der islamischen

Perspektive einzig durch Gott ans Licht gebracht.

H: In Marokko beginnen die Frauen sich in Vereinen zu organisieren, um Notzucht in der Ehe anzuprangern. Den Frauen wird bewusst, dass sie mitunter Erfüllungsort der verrücktesten Fantasien ihrer Ehemänner sind. Dennoch gibt es im Arabischen immer noch keinen juristischen Begriff zur Bezeichnung der Vergewaltigung in der Ehe, das heißt, um gegen Vergewaltigung in der Ehe, Sexismus, Machismus usw. vorzugehen, muss auf eine westliche Sprache zurückgegriffen werden. Unsere so schöne Sprache erweist sich als arm, wenn es um die Beziehungen zwischen Mann und Frau in der heutigen Gesellschaft geht. Darf ich das so sagen?

A: Ja, das darfst du. Allerdings handelt es sich weniger um eine Armut der Sprache denn um die fehlende Reflexion und Innovation bei den Arabern. Die Dichter, Schriftsteller oder Denker hatten, dem Korantext nach, kein freies Ich, um ihre Subjektivität unbefangen auszudrücken. Nur unter Schwierigkeiten konnten sie sich über das Thema Frau, Sexualität oder Körper beispielsweise äußern. Fehlende Freiheit ist gleichbedeutend mit fehlender Subjektivität und der Schwierigkeit, sich den sozialen Veränderungen anzupassen. Wie kann ein seines Ich und seiner Freiheit beraubtes Individuum denken? Das habe ich in dem von dir erwähnten Text über die fehlende Subjektivität in der salafistischen Kultur aufzuwerfen versucht.

H: Und gleichzeitig finde ich, dass es eines der größten Paradoxe der arabischen Welt ist. Anders als in der mystischen Literatur oder im philosophischen Denken, die zu einer gegebenen Zeit begannen und endeten, gab es über die Jahrhunderte hinweg eine erotische Literatur.

A: Vergessen wir allerdings nicht, dass es in der Tat viele erotische Texte gibt, aber dass die Frau hier nur als Spielzeug auftritt. Eine Reihe von Werken beschäftigt sich mit der Sexualität: Wie schafft man es, eine Frau zu besitzen? Wie kann der Mann zum Gott der Frau werden? Wie lässt sie sich befriedigen? usw. Alles ist auf die Virilität des Mannes und seine sexuelle Kraft gerichtet. Die Frau wird beschrieben als eine, die sich dieser Virilität zu öffnen hat. Sie ist ein formbares Objekt in den Händen des Mannes.

H: Du möchtest damit sagen, dass es auch der erotische Text nicht vermochte, die Frau von dem im Koran und den Texten der Hagiographen gepredigten Besitzanspruch zu befreien.

A: Das heißt, es gibt zwei Diskurse. Der eine steht in

Verbindung mit dem Koran, also der Religion. Das ist der offizielle, weiterhin in der arabischen Welt gültige Diskurs. Und es gibt einen anderen, marginalisierten Diskurs, der von der vorislamischen Zeit und Poesie herrührt, der ein anderes Leben innerhalb der arabischen Gesellschaft preist: dort, wo die Frau einen anderen Status und andere Lebensbedingungen hatte. Als Beispiel sei Imr'u l-Qays genannt, wenn er sagt:
„Wenn es [das Kind] zum Weinen anhob, bot sie ihm die Brust, während sich unter mir ihr Schoß öffnete."

H: Sie ist Mutter und ganz und gar Frau. Das ist in der Tat nicht dieser gewöhnliche Zwist zwischen Mutter- und Frausein.

A: Viele Dichter schildern ein wundervolles Bild von der Frau. Sie ist Göttin, eine große Dame, eine, die ihrem Mann auch widersprechen kann. Es gibt diese zwei Diskurse: den religiösen, der im Widerspruch zum Menschsein steht und der die Frau verurteilt, und der andere, nicht-religiöse Diskurs, der zwar verborgen und marginalisiert, jedoch menschlich ist. Wunderbar menschlich.
H: Und es gibt den mystischen Diskurs...

A: ... der die Poesie und das Denken rettete und das Weibliche pries. Zum Glück gibt es die Poesie, die die Liebe des Weiblichen verkörpert und die Dichter, die die Enge der religiösen Sicht hinter sich lassen. Der Mystiker sagt: „Steril ist jeder Ort, der nicht das Weibliche in sich aufnimmt[85]."

H: Maskulines und Feminines sind für die Mystik genauso wenig wie für die Psychoanalyse eine Frage der Anatomie. Die Frau stellt nur deshalb für den Mann in allen Gesellschaften und besonders der unsrigen ein wirkliches Problem dar, weil sie die Frage seiner Beziehung zur Kastration aufwirft.

A: Der arabische Mann lehnt die Idee der Kastration ab. Er empfindet und sieht sich als absolut potent.

H: Es ist schwer, über die Kastration in unseren Gesellschaften nachzudenken, da sich die Sprache den sozialen Veränderungen nicht angepasst hat. Wie lässt sich da eine Modernität erschaffen?

A: Möglicherweise werden diese Begriffe wegen der religiösen Zensur nur schwer in den Sprachgebrauch finden. Wir sollten die Zensur nicht unterschätzen. Anstatt von der Freiheit der Frau, von ihren Rechten, der Verbesserung ihrer Lebensbedingungen zu sprechen, haben der sogenannte Islamische Staat und die sogenannten modernen arabischen Revolutionäre mehr Einschnitte in die Freiheit der Frau und mehr

85 Ein Satz von Ibn ʿArabî.

Sexvergnügen für die Männer hervorgebracht.

H: Die sogenannte arabische Revolution hat den Schleier über diese äußerst primitive Beziehung zwischen Mann und Frau in der arabischen Gesellschaft gelüftet. Ein Buch mit dem Titel As'adu imraa fi l"âlam (Die glücklichste Frau der Welt), von einem wahhabitischen Saudi geschrieben, ist das heutzutage meist verkaufte Buch. Die glücklichste ist die, die sich den Geboten und folglich ihrem Mann vollständig unterwirft.

A: Diese äußerst archaische Beziehung ergibt sich aus der primitiven Seite des Islam und der religiösen Geschlechterteilung sowie seiner Auffassung von Sexualität.

H: Nur wenige wissen, dass der wahhabitische Staat 2006 das Haus von Fâtima[86] zerstörte, das als Denkmal weiblicher Rebellion galt.

A: Und das von Aicha. Die Beziehung der Religion zur Frau unterscheidet sich grundlegend von der des Dichters. Die Dichter waren stets die Barden der Frau und der Weiblichkeit. Der Dichter al-'Arjî[87] sagte:

---

86 Fâtima. Mohammeds Tochter.

87 Al-'Arjî. Dichter aus der Zeit der Ummayyaden. Er kam wegen „liederlichen" Lebenswandels ins Gefängnis, wo er 120/738 verstarb.

*„Was nutzt mir Mina und seine Pilger
wenn sie nicht da ist."*

Der heilige Ort gilt ihm nur dann als heilig, wenn er seine Geliebte umarmen kann. Und Mekka, der heilige Ort, wird im Vergleich zum Bild der Frau zweitrangig. Hier liegt einer der Gründe, weshalb die Religion die Dichtung verurteilt. Im Gegensatz zum Dichter, der die Frau besingt, fordern die Theologen ihre Verschleierung.

H: Als seien die Entschleierung der Frau und ihre Autonomie die höchste Bedrohung für den Mann. Eine Kastrationsbedrohung. Selbst ihre Stimme ist verboten, sagen einige von Tabarî zitierte Koranexegeten. Sie muss im Verborgenen bleiben; als ob die Frau eine Baubo wäre und jedes Gesicht ein Geschlechtsteil. Und wenn Tabarî den Vers „Schlagt sie" interpretiert, sagt er, dass der Mann sie besitzen darf, ohne das Wort an sie zu richten. Das heißt, dass er sie vergewaltigen darf. Die Notzucht der Frau als Bestrafung steht in einem Buch, das maßgebend für die Religionswissenschaften ist.

A: Zudem kann, jenseits der Frauenfrage, das Individuum in der arabischen Gesellschaft nicht frei mit dem Anderen ins Gespräch kommen. Erlaubt sind weder das Wort noch der demokratische Dialog oder der Meinungsaustausch. Es dominiert einzig die Gewalt. Eine sich befreiende Frau, die Gegebenes anficht und offen ihre Missbilligung zum Ausdruck bringt, darf es einfach nicht geben.

H: Im Westen wird der Begriff „Burka" für den Ganzkörperschleier benutzt. Dabei bezeichnet das Wort nicht die Verhüllung des Daseins als Frau, sondern ihres Menschseins, denn burqa bedeutet „Mutterschaf" oder „Kriechtier" oder auch „Lasttier". Man benutzte dieses Wort, um die Beduinin zu bezeichnen, die wie ein Arbeitstier auf dem Feld schuftete.

A: Das ist ein entsetzliches und demütigendes Bild für die Frau auf dem Lande.

H: Zu denken gibt auch die Geschichtsvergessenheit. Wir wissen um die aktive Rolle der algerischen Frau bei der Erringung der Unabhängigkeit ihres Landes.

A: Sie erhielt jedoch nicht die Anerkennung, die sie verdient hätte. Auch die anderen arabischen Länder würdigten keine einzige Frau der Avantgarde im 20. Jahrhundert, wie etwa Maï Ziade[88] oder Huda

---

88 Maï Ziade. Libanesische Schriftstellerin, Essayistin und Journalistin. Vorreiterin des orientalischen Feminismus. 1886 in Nazareth geboren, 1941 gestorben.

Sha'rawi[89], für ihr Engagement in der Emanzipationsbewegung. Man erwähnt mehr Qâsim Amîn[90] als Huda Sha'rawi. Auch die militanteste Frau bleibt im Hintergrund und ihre Texte werden nicht gelehrt. Man spricht über Männer, selbst wenn es sich um Frauen handelt. Und doch gab es Schriftstellerinnen, Schauspielerinnen und Sängerinnen. Der Orient hatte unzählige große Frauen. Sie gerieten schlichtweg in Vergessenheit.

H: Maï Ziadé betrieb einen literarischen Salon. Doch passte das so ganz und gar nicht zur ablehnenden Haltung der Männer gegenüber gebildeten Frauen.

A: Der Westen kennt diese großen Figuren der Literatur nicht, die allerdings genauso wenig im Orient bekannt sind. Maï Ziadé hatte sogar den literarischen Salon gegründet, in dem Taha Hussein, al-'Aqqâd, al-Mâzinî und andere große Intellektuelle des beginnenden 20. Jahrhunderts zu Gast waren. Außergewöhnlich für die damalige Zeit. Doch ihre Familie missbilligte ihr Tun und erklärte sie für verrückt. Der Denker Antoun Saâde verteidigte sie und schrieb voller Anerkennung über sie und ihre Texte. Trotz der Zensur und der Bürde der Traditi-

89 Huda Sha'rawi. Feministische Schriftstellerin. 1879 in Ägypten geboren, 1947 in Kairo gestorben.

90 Qâsim Amîn. Kurdischer Herkunft, Schriftsteller, Essayist, auch Muharrir al-mar'a, „der Befreier der Frau" genannt. 1863 in Ägypten geboren, 1908 gestorben.

onen gab es sehr engagierte Frauen im Libanon, in Ägypten, Syrien, Palästina und im Irak. Algerische Frauen wie Djamila Bouhired leisteten einen wichtigen Kampf für die Unabhängigkeit ihres Landes. Doch waren sie Opfer der heute noch herrschenden archaischen Mentalität.

H: Einige Schriftstellerinnen oder Essayistinnen arbeiteten unter einem Pseudonym, um nicht ihren bürgerlichen Namen preiszugeben, wie Samira „Bint al-Jazira al-'Arabiya" und Aicha „Bint ash-Shati""[91]; als seien gelehrte Frauen ein Fluch.

A: Aus Angst oder Rücksicht auf die patriarchalische Macht nahmen sie ein Pseudonym an. Sie wussten, dass sie einer Gesellschaft angehörten, in der sich die Frau nicht frei äußern durfte. In den Augen des Mannes sollte sie bar jeglichen Denkens sein.

H: Dennoch stellen wir fest, dass die Frauen, insbesondere die Mütter, die achtsamsten Wächterinnen der Tradition sind.

A: Ich denke, dass es sich hierbei eher um Religion als um Tradition handelt. Die Frau ist ein Besitztum des Mannes. Und die Tatsache, dass die Mädchen bis zum Tage ihrer Hochzeit Jungfrau bleiben müs-

91 Samira „Tochter der Arabischen Halbinsel" und Aicha „Tochter des Ufers"

sen, bedeutet, dass sie immer Objekt des Mannes sind. Vergiss nicht, dass es einen Vers in Bezug auf die Jungfräulichkeit gibt. Der Koran sagt dazu: „Siehe, Wir erschufen sie [Die Hüris] in (besonderer) Schöpfung. Und machten sie zu Jungfrauen[92]".

H: Ich denke, auch hier handelt es sich um sexuelles Vergnügen. Häufig werden Frauen verstoßen, wenn man erfährt, dass ihre Töchter „ihre Jungfräulichkeit verloren" haben. Die Mutter, eine in einem traditionellen Kontext lebende Frau, in dem die Sexualität kodifiziert ist, lebt nach der Verstoßung ohne Mann, und folglich ohne die Möglichkeit, sexuelle Lust auszuleben. Die außereheliche Sexualität der Tochter kann den Verlust der Sexualität der Mutter zur Folge habe.

A: Da gibt es in der Tat diesen psychologischen Aspekt. Doch bleibt die Sexualität der Frau ein großes Tabuthema. Darüber wird nicht gesprochen. Einzig die Sexualität des Mannes ist von Bedeutung. In unserer Gesellschaft tritt der Mann an Gottes Stelle. Und die Muslime ahmen Mohammed nach. Die Mentalität des muslimischen und arabischen Mannes ist durch und durch religiös. Seine mentale und psychische Struktur ist religiös. Sie ist geprägt von Dominanz, Macht und Einflussnahme. Die Frau befindet sich in diesem Räderwerk ohne wirklichen Aus- oder Fluchtweg.

92 Koran, 65:35-36.

H: Daesch hat mit der vom Kalifen Omar eingeführten Urteilsbemühung (ijtihâd) abgeschlossen.

A: Wie ich bereits sagte, lassen das fehlende Ich und die fehlende Subjektivität dem freien Denken keinen Platz. Der arabische Mann versucht vergeblich, seine Moderne zu schaffen. Er lebt in einer Gesellschaft, die mehr Gottesdiener hervorbringt als Intellektuelle. Er wird in eine Gesellschaft hineingeboren und wächst in einer Kultur auf, die unter mangelnder Freiheit leidet. Die Freiheit ist in den Händen derer, die die Macht ausüben. Eine Macht, die Jagd auf alles Weibliche macht. Gestern stand die Frau in Verruf, heute ist sie Gefangene und wird als Geschenk angeboten. Das ist demütigend! Jede Gesellschaft, die glaubt, die absolute Wahrheit innezuhaben, bringt Ignoranz hervor, die nicht nur den Platz der Wissenschaft und des Wissens einnimmt, sondern sich in permanenter Empörung gegen Wissen und Wissenschaft befindet. Der Monotheismus ist eine Verzerrung der Kultur. Er ist an seinen Wurzeln zu bekämpfen und nicht zu reformieren.

H: Zur Demütigung der Frau gehört auch der Hass gegen die Schwester, Cousine, Ehefrau usw. Das ist auch eine Art des Mannes, die Spuren von Weiblichkeit bei sich selbst und möglicherweise sogar eine problematische Liebe zu seiner Schwester zu unterdrücken. Und bis heute sagt eine vergewaltigte Frau zu ihrem Mann: „hatakûlak ‘ardak“ (sie haben deine Ehre geschändet). Es geht nicht um ihren Körper und ihre Psyche, sondern um die Ehre (‘ard) des Mannes.

A: ‘Ard wird wie ein Symbol der Männlichkeit gesehen. Al-‘Ard ist sexuell gesehen die weibliche Form des Männlichen. Man sagt nicht hataka ‘ardahâ (er hat ihre Ehre geschändet), da sie keine eigenständige Existenz hat. Sie hat weder Gedanken noch Persönlichkeit, weder Gefühle noch einen Körper, die ihr gehören. Sie ist und bleibt an ihn gekettet. Folglich fällt das Problem auf den Mann: Er fühlt sich gedemütigt, und nicht etwa sie. Der arabische Mann lebt in einem Raum, der kulturelle und technische Veränderungen erlebte. Das heißt, der Kontext hat sich im Vergleich zur Vergangenheit radikal verändert, was er allerdings ignoriert. Hier liegt das Problem. Ist das nun Stärke oder Schwäche?

H: In der Psychoanalyse nennen wir das „Spaltung des Ich“. Das ist ein Abwehrmechanismus, der gleichzeitig Ausdruck einer – pathologischen – Stärke und einer Schwäche ist, da das Individuum nicht mit dem Trauma der in den Fundamenten des Islam verankerten Triebhaftigkeit fertig wird. Der gespaltene Mann gründet seine Identität also auf dem

Nebeneinander seiner eigenen Stärke und gleichzeitigen Schwäche.

A: Er ist demnach wie ein Gefäß voller Koranverse. Er ist, global gesagt, wie ein Roboter oder eine Maschine. Die Nähe zwischen den Wörtern âlat (Maschine) und ilâh (Gottheit) ist erstaunlich. Beide Wörter sind fast homonym und werden von denselben Buchstaben gebildet. Ist das ein linguistischer Unfall?

H: In Arabien gab es die Göttin Allât. Allât wurden zwei diakritische Punkte entzogen und das ergab Allâh des muslimischen Monotheismus. Könnten wir sagen: da die Weiblichkeitszeichen entnommen wurden, wurde das Göttliche eine âlat, eine Maschine[93]?

A: Heute bleibt von der Religion nur eine Vernichtungsmaschine. Bei Daesch mündet diese Veränderung des Göttlichen in eine Vernichtungsmaschine.

H: Das ist der Sieg über das Weibliche. Die Welt kann jedoch nicht ohne die Weiblichkeit sein.

A: Der Mann wird ohne die Weiblichkeit und ohne diese weibliche Dimension zu einer Maschine. Wir erwähnten bereits diesen Satz von Ibn 'Arabî: Kullu makânin lâ yo'annath, lâ yu'awwal alayh (Jeglicher Ort, der nicht das Weibliche annimmt, zählt nicht

93 Allât, Allâh, âlat, <arabisch>

[ist steril, unnütz]). Ich führe den Gedanken weiter: „Jegliche, ausschließlich von der Virilität befehligte Stätte, lâ yu'awwal alayh", ist steril. Abgesehen davon führt die Frau ihren Kampf gegen diese virile Männlichkeit weiter. Ich habe bemerkt, dass die Jugend in den arabischen Ländern Veränderungen und das Ende des Archaismus wünscht. Die Jugend wird sich heute der Bedrohung bewusst, die auf der Gegenwart und Zukunft lastet.

H: Was denkst du über die Femen?

A: Ich bin nicht dagegen. Vor allem in diesen Gesellschaften, die sie kategorisch ausblenden. Doch ich hoffe, dass die Gesellschaft die Weiblichkeit ebenso wie die Männlichkeit anerkennen wird.

H: Antoinette Fouque sagt, dass es bald nur noch Alte, bald keine Schwarzen und Weißen mehr gibt, sondern nur noch café-au-lait. Aber die Frauen bleiben immer Frauen, mit diesen vielen Ungerechtigkeiten, die auf ihnen lasten.

A: Es bedarf dringend einer Trennung von Staat und Religion, der Schaffung einer Zivilgesellschaft. Wir sollen nicht vom Muslim sprechen, sondern vom Bürger, von seinen Rechten und seiner Freiheit. Der erste Feind der Frau ist nicht der Mann, sondern die

Religion. Vor allem die monotheistische Religion und innerhalb des Monotheismus, der Islam.

H: Es ist skandalös, dass eine gebildete Frau in einigen Golfstaaten bis heute nicht wählen darf, ein Analphabet jedoch das Wahlrecht hat. Den Frauen wird das Wahlrecht und damit das Recht auf Meinungsäußerung entzogen. Dabei steht in der französischen Verfassung: „Jeder Mensch unabhängig von seinem Geschlecht und ohne Unterschied seiner Rasse, Religion oder Glauben hat unveräußerliche und unverletzliche Rechte."

A: Das ist gegen die Vorstellung vom Menschlichen und vom Fortschritt. Ich frage mich, wie kann der Mensch das auch nur gutheißen. Der Fehler bestand darin, sich auf die Regime zu konzentrieren und dabei zu vergessen, dass eine Revolution auch eine Veränderung des Menschen braucht und dass diese Veränderung wahrhaftig und radikal sein muss. Es bedarf einer inneren Revolte im Namen der Freiheit, für die Freiheit, für das Denken und für einen demokratischen Dialog mit dem anderen. Der andere muss in seiner Verschiedenheit akzeptiert werden. Das ist nur auf der Grundlage der Schaffung einer laizistischen Gesellschaft möglich. Ich bedauere diese Regression. Wir haben in den letzten beiden Jahrhunderten einen Kampf für die

Schaffung einer bürgerlichen und laizistischen Gesellschaft geführt und stehen heute einem skandalösen Obskurantismus gegenüber, der dabei ist, die Anfänge einer Moderne zu vernichten.

Jenseits geopolitischer und wirtschaftlicher Interessen, das Triebhafte

H: Es wird immer mehr über Radikalisierung gesprochen.

A: Dieses Phänomen kann nur dann verstanden werden, wenn man sich die Mühe macht, die Entstehung des Islam neu zu betrachten. Die Gewalt ist, wie wir bereits erwähnten, seit der Entstehung des Islam vorhanden. Er entstand als Mittel der Macht. Diese Gewalt begleitete die Gründung des ersten Kalifats und beruht sowohl auf einigen Koranversen als auch auf den ersten Kommentaren des Textes.

H: Daesch knüpft an die damalige Epoche an, in der die Menschen entweder zum Islam konvertierten oder starben.

A: Einige Verse haben wir bereits zitiert. Doch der Koran enthält auch andere, die von extremer Gewalt zeugen. Diese Gewalt wurde institutionalisiert, und ist seitdem Teil der staatlichen Institutionen. Dazu kommt, dass die Muslime von

Anfang an Eroberer waren. Das Jahrhundert nach dem Tod Mohammeds war blutig, und der innerarabische Krieg, der innermuslimische Krieg endete eigentlich nie. Man lese nur die Werke über die Geschichte der Araber.

H: Aber wieso konnte sich der Islam der Veränderung widersetzen?

A: Wir haben die menschliche Natur nicht bzw. nicht genügend beleuchtet: Macht, Geld und Gewalt. Der Islam weckte im Menschen den Besitzinstinkt.

H: Das heißt also, dass bei der Lösung dieser Frage die psychologische Dimension einbezogen und vom Triebhaften gesprochen werden muss. Der Gründungstext und die ersten Kommentare erlaubten es dem Mann, seine Triebe vollständig zu befriedigen, insbesondere den Sexual- und den Bemächtigungstrieb. Die Vorstellung eines Paradieses als Ort absoluter Befriedigung, in dem allein die Idee des Mangels inexistent ist, gehört in den Bereich der Phantasie, der Kastrationsverleugnung. Die Gründung des Islam erfasste die Natur des Triebes und der Phantasie. Kann man, wie Abdelwahab Meddeb, von einer Krankheit des Islam sprechen?

A: In „Die Krankheit des Islam“ spricht Meddeb auch von einem schönen und wahren Islam.
H: Aber innerhalb der islamischen Welt gibt es die Mystik, die Philosophie, die Literatur usw.

A: Diese intellektuellen Strömungen sind aber nicht dem Bereich des staatlichen, des institutionellen Islam zuzurechnen. Die Mystiker und die Philosophen benutzten den Islam als Tarnung, als Mittel, um Verfolgungen und Hinrichtungen zu entkommen. Die Philosophie entstammt nicht dem Korantext.

H: In der Tat, sie stammt aus Griechenland, und die Mystik ist aus verschiedenen Strömungen entstanden: Platonismus, Neoplatonismus, Christentum, Sprache... Aber die, die dieses Denken prägten, lebten doch in der muslimischen Gesellschaft.

A: Die Mystiker des Islam zitierten die Schrift, um ihre Interpretationen zu rechtfertigen. Doch liest man ihre Werke, stellt man große Abweichungen vom Korantext fest. Ibn Arabi zum Beispiel schuf ein Denksystem, das mit der religiösen und muslimischen Sicht auf Mensch und Universum radikal bricht.

H: Ibn Arabi war ein großer Philologe. Ihn interessierte nicht das Gebot, sondern das, was die Sprache in ihrem semantischen Kern birgt. Er war wie du in die Sprache verliebt. Sein Denken war darauf gerichtet, was die Sprache auszudrücken vermag, und auf die Realität, die sie nicht sagen kann.

A: Er war ein Dichter und hatte nichts mit der Doktrin, dem Dogma oder dem religiösen Denken zu tun. So wie die Worte von Al-Hallâj waren seine Schriften weit entfernt von orthodoxem Denken oder religiöser Lehre. Es war eine Strategie, eine Art Abwehr. Es ist das, was wir aktuell tun: Wir suchen einen erhabenen und wahren Islam, um uns gegen die Gewalt zu wehren. Man könnte sogar sagen, Ibn Arabi hätte die Sprache vom Islam befreit. Die Denker in der arabischen Gesellschaft waren genötigt, eine Maske namens „Islam" zu tragen, um dem Gebot zu entgehen, jeden sich von der Religion abwendenden Muslim zu töten. Die, die sie nicht trugen, wie al-Hallâj, erfuhren Verfolgungen und Hinrichtungen, ohne von der Vernichtung ihrer Werke zu sprechen. Niffari[94] beispielsweise schrieb ein Buch, das erst tausend Jahre später wiederentdeckt wurde. Bis heute ist er verkannt.

H: In Ägypten wurde eine Fatwa gegen die Neuauflage der Futuhat al-makkiyya von Ibn 'Arabi verhängt, die der Emir Abd el-Kader erstmals he-

94 Niffari. Muslimischer Mystiker aus Mesopotamien, 10. Jh. n. Chr.

rausgebracht hatte. Dennoch denke ich, dass Männer wie Averroes, Abu Bakr al-Razi, Ibn al-Rawandi oder Niffari zur arabischen Gesellschaft gehören, nämlich als Dissidenten.

A: Die Mystik und die Philosophie gehören nicht zum islamischen Denken, das nur Fiqh (Rechtsprechung) und Shar' (Gesetz) kennt.

H: Wo wir von al-Hallâj sprachen, würde ich gerne diese wunderschönen Worte in Erinnerung rufen: Als Satan den Kniefall vor Adam verweigerte und zu verstehen gab, dass er das Objekt seiner Liebe nie ändern könnte, sagte Gott zu ihm: „Ich werde dich ewig peinigen". Satan antwortete: „Wirst du mich dabei nicht anschauen?, „Doch", sagte Gott. „Also wird dein Blick mich über die Pein erheben. Mach mit mir, was du willst." Al Hallâj wird zum Verdammten der Liebe. Und dieser Dialog zwischen dem Göttlichen und dem Verliebten regt zu einem Nachdenken über die Sprache des Mystikers an, über das Geheimnis, die Liebe, die Transgression und die Weiblichkeit.

A: Wir sehen ja, dass die Weiblichkeit, so wie das Weibliche, über die Frau als Wesen hinausgeht. Es ist ein Standpunkt. Das Weibliche ist das Universum selbst. Doch das ist in der Vorstellungswelt des offiziellen Islam nicht so. Die Mystik spricht die Liebe zum Weiblichen und zur Frau aus. Sie hat das Denken über die Alterität und die Subjektivität grundlegend verändert. In der Schrift allerdings gibt es keine Subjektivität.

H: In einer Fernsehsendung hast du einmal gesagt, es handle sich dabei um einen sehr demokratischen Dialog zwischen Gott und Satan. Sie waren nicht einer Meinung und doch sprachen sie miteinander. Gott hätte ihn ja auf der Stelle vernichten können, ließ ihn aber gewähren.

A: Heute haben wir nicht einmal mehr diese Möglichkeit. Die Muslime respektieren nicht einmal ihre eigene Schrift. Der Dialog ist nicht mehr möglich. Der Gläubige ist überzeugt, die absolute Wahrheit innezuhaben. Von diesem Moment an ist jeder andere Glaube falsch und muss verworfen werden. Diese Art von Glauben hat die islamische Politik in eine Techne verwandelt, deren äußerste Ziele die Macht und der Machterhalt sind. Die ganze Geschichte der Araber zeugt davon. Ihre Kultur ist eine Kultur der Macht. Dank des Gas- und Erdölreichtums hätten die Araber politisch und ökonomisch heute die Möglichkeit, die gesamte Welt zu kaufen. Doch besitzen sie weder Averroes, noch Ibn Khaldun, noch al-Maari.

H: Ich erinnere mich an einen Kongress im algerischen Oran über die Mystik. Vergebens suchte ich die Mawaqif des Emir Abd Al-Kader, der ein bedeutender Kommentator von Ibn Arabi war.

A: In dem Sinne sind die Araber die Ärmsten unter den Armen. Sie kennen weder ihre Kultur noch ihre Sprache. Wie können sie da eine Revolution machen? Auf welchen Prinzipien, auf welchen Grundlagen sollte diese beruhen?

H: Daesch predigt einen islamischen Staat. Das läuft jeglicher Idee von Zivilisation zuwider. In seinem Werk Das Unbehagen in der Kultur schreibt Freud, dass die Zivilisation nur auf dem Verzicht auf die Befriedigung niederer Triebe aufbauen könne.
Doch was sehen wir? Erwerb von Frauen, Verstümmelungen, Enthauptungen, ja sogar Kannibalismus, um nur einiges zu nennen.

A: Der Mensch, der sich für stärker hält als der Tod -da er ja ungestört im Paradies verweilen wird – geriert sich barbarisch, ohne Angst und Schuldgefühl. Er ist losgelöst von Natur und Kultur. Ich sehe in Daesch das Ende des Islam. Er ist eine Fortsetzung, das stimmt, gleichzeitig aber auch das Ende. Gegenwärtig hat der Islam auf intellektueller Ebene nichts beizutragen. Keine Dynamik, keine weltverändernde Vision, keine Gedankenfülle, keine Kunst, keine Wissenschaft. Diese Wiederholung des Alten ist das Zeichen seines Endes. Und nehmen wir an, Daesch würde politisch oder strategisch einen Sieg erzielen, was hätte er geistig oder wissenschaftlich zu bieten?

H: Außer Chaos kann ich mir nichts vorstellen. In den vom sogenannten Islamischen Staat eroberten Regionen im Irak wurde solange der Schulunterricht ausgesetzt, bis neue, religiös konforme Lehrinhalte zur Verfügung standen.

A: Daesch bietet keineswegs eine neue Lesart des Islam, den Aufbau einer neuen Kultur oder einer neuen Zivilisation, sondern viel mehr Stillstand, Ignoranz, Hass auf das Wissen, auf das Menschliche und auf die Freiheit. Das ist ein erniedrigendes Ende. Historisch gesehen hat der Islam fünfzehn Jahrhunderte überlebt. Das ist nicht viel, in Anbetracht der Geschichte der Menschheit; er wird weniger lang bestanden haben als etwa die der Pharaonen, die Griechen und Römer. Es gibt ein wahrhaftes Unbehagen, weil eine Religion, die eine Vision und eine Zielvorstellung hat, es sich nicht erlauben kann, Menschen zu köpfen. Anstatt die Freiheit zu preisen, wird die Knechtschaft nur verstärkt. Das Individuum, das heute in der arabischen Gesellschaft lebt, leidet an Freiheitsentzug; keine Meinungsfreiheit, keine Glaubensfreiheit, keine Freiheit, zu schreiben, keine Gleichheit zwischen den Geschlechtern. Bis zum jetzigen Zeitpunkt konnte keine säkulare Zivilgesellschaft entstehen. Der Gedanke an Laizismus ist und bleibt verboten. Die politische Macht steht jenseits der Freiheit. Und ab dem Moment, wo nicht um Fortschritt, sondern um Macht gekämpft wird, befreien diese Revolutionen die Menschen aus einem Gefängnis, um sie letzten Endes in ein nächstes zu führen.

H: In der Tat haben wir uns daran gewöhnt, unsere Analysen an wirtschaftlichen, sozio-politischen und strategischen Faktoren zu messen. Aber wir haben uns nicht die Zeit genommen, die psychologische Dimension einzubeziehen. Wenn wir uns anschauen, was aktuell vor sich geht, ist es unmöglich, dies nicht in Bezug auf den Todes- oder Zerstörungstrieb zu denken. Es geht ja um eine Selbstzerstörung. Indem sie die Spuren der Vergangenheit zerstören, löschen die Fanatiker ihre eigene Geschichte aus und vernichten Völker, die ihrer Erde angehören, Brüder und Schwestern. Man sollte dieses Phänomen im Lichte der psychoanalytischen Texte über den Trieb, den Vater-, Mutter- und Brudermord, die Kastration und das Lustgefühl lesen.

A: Der Wahhabismus ist dabei, die menschlichen

Spuren zu vernichten. Da alles Gottes Werk ist, kann der Mensch nichts erfinden, nichts schöpfen und keine graphischen, musikalischen oder poetischen Werke schaffen. Und da es nur einen einzigen Schöpfer gibt, muss jede menschliche Schöpfung vernichtet werden. Denn sie ist wathan (Götzenbild). Das erklärt die Zerstörung von Museen und anderen archäologischen Stätten. Jedes von Menschenhand geschaffene Werk wird zerstört, da der Mensch als Gottes Rivale gilt. Der Mensch hat die göttlichen Gebote auszuführen, mehr nicht. Gott schafft, der Mensch ahmt nach.

H: Dabei muss ich an diesen Koranvers denken: „[…] und nicht warfst du, als du warfst, sondern Allah warf.[95]" Unser Gedächtnis ist durch Aussagen geprägt, die wir nie in Frage stellen…

A: Da Er wirft, Er alles macht, ist der Mensch nur noch da, um gesteuert oder ferngesteuert zu werden. So wird jegliche Spur menschlichen Schaffens vernichtet, und sogar das Werfen eines einfachen Objekts, eines Steins zum Beispiel, ist nicht Resultat eines menschlichen und individuellen Willens, sondern ist von einem über alles entscheidenden Gott diktiert. In diesem Kontext fällt es dem Menschen schwer, sich in die erhabenen Höhen der Kreativität zu erheben, weil er sich zuerst vom religiösen Verbot und

95 Koran, 8:17.

von der allgemeinen Ansicht befreien muss, die in jeder Einzelinitiative einen Angriff gegen das Göttliche sieht. Der Koranvers spricht vom Verschwinden des Menschen und der Spuren seiner Präsenz auf Erden. „Wa yabqa wajhu rabbika“ (Aber es bleibt das Angesicht deines Herrn“[96]). Kann man eine Zivilisation aufbauen und gleichzeitig den Menschen und alles wahrhaftig Menschliche vernichten?

H: Die aktuellen Ereignisse zeigen deutlich, dass die dahinter steckende Absicht weit entfernt ist von dem, was Kultur beschreibt. Sie zeugt vom Triumph des Triebhaften.

A: Es geht hier nicht um die Krankheit des Islam. Es geht hier um das Gegenteil der Kultur, der sittlichen Lebensart und des Menschlichen. Und ich füge hinzu: Das ist Selbsthass, der zum Selbstmord führt. Tausende Menschen sind bereit, sich in die Luft zu sprengen, um ins Paradies zu gelangen. Das ist einzigartig in der Geschichte der Zivilisationen, eine Premiere in der gesamten Menschheitsgeschichte. Besagter Dschihadist findet dort die ewige, im Koran beschriebene Wonne des Paradieses. Das weltliche Vergnügen ist vergänglich, das des Jenseits ewig und absolut. Durch den Rückgriff auf das Bild des Paradieses, mit seinem Gefolge von Huris, hat die islamische Sicht die Sexualität als eine Ver-

96 Koran, 55:27.

führung zum Glauben verwandelt. Der Muslim, der als Muslim oder für den Islam stirbt, stirbt nicht, er verlässt lediglich die Erde, um gottesnah im Paradies zu verweilen. Und in diesem Paradies findet er eine Vielfalt von Wonnen.

H: In Alamut hat sich Wladimir Bartol dieses Szenario folgendermaßen vorgestellt: Junge Fanatiker, die sich umbringen, um ins Paradies zu gelangen, einen Ort, den sie mit Jungfrauen und Lustgefühl verbinden. Die Frage des Lustgefühls kehrt unablässig zurück.

A: Das Erotische gibt sich so als etwas Göttliches. Der Mann hat das Bild eines Phallus erfunden, das wie das Alif aufgerichtet bleibt und zur Penetration der Frau bestimmt ist, um die Idee zu bestärken, dass Letztere nur ein Besitzobjekt ist, über das er, der Mann, volle Verfügungsgewalt hat. Selbst im Jenseits bleibt die Frau die Penetrierte, das Besitztum. Der Phallus wird zu einer Art ewig währendem natürlichen fascinum, und damit zum Symbol von Macht und Autorität.

H: Die Imame des Wahhabismus auf YouTube predigen nichts anderes als das ewige Vergnügen. Einer von ihnen bezog sich sogar auf die Relativitätstheorie, um zu erklären, dass jeder Muslim im Jenseits anstelle der versprochenen vierzig oder siebzig Jungfrauen, siebzig Jungfrauen samt der dazugehörigen siebzig Sklavinnen erhalten wird, die ihm jeden Tag, ein Tag im Jenseits ist wohlgemerkt länger als im Diesseits, zur Verfügung stehen. Die sexuelle Befriedigung des Mannes kennt kein Ende. Kein Ende bedeutet: keine Kastration. Was hier vor sich geht lädt dazu ein, über die Verbindung der ersten Textkommentatoren mit der Frage der Kastration nachzudenken.

A: Was heute vor sich geht, verdient eine psychoanalytische Untersuchung. Der Mann und die Frau des Dschihads werden beschrieben, als teilten sie die Wollust innerhalb eines Ritus, der sie erhebt. Ein jeder erhebt sich in eine ihn übersteigende Sphäre. Sie gehören dann keiner menschlichen Gesellschaft mehr an, und werden nach diesem Akt oder dieser Beziehung zu universellen Wesen.

H: Diese sexuelle Befriedigung vor dem Tod zu empfinden, diese absolute und unbeschreibliche sexuelle Befriedigung kommt dem Inzest nahe. Auf der psychischen Ebene ist das eine Regression. Schaut man sich die schwarze Fahne von Daesch genauer an, wird einem gewahr, dass die diakritischen Zeichen fehlen. Selbst die Schrift regrediert.

A: Der Rückschritt ist allgegenwärtig. Und diejenigen, die versuchen, innerhalb des bestehenden Islam einen anderen Islam zu finden, werden nie fündig. Der herrschende Islam erkennt nicht an, was im Gegensatz zu ihm steht. Wir erwähnten den Krieg, der gegen Philosophen, Mystiker und Dichter geführt wurde. Es fehlt an Anerkennung der Verschiedenartigkeit des Anderen. Der Islam lehnt ab und verbannt, was sich seinen Thesen widersetzt; das zeugt von einer großen Intoleranz. Die Gleichheit zwischen den Individuen bzw. den Menschen erkennt er nicht an. Und ich meine sogar, dass er keinen Fortschritt anstrebt; weil unsere Gegenwart nichts als die Vergangenheitszukunft ist.

H: Jedwede intellektuelle Bewegung stößt sich am Politisch-Religiösen. Man müsste den religiösen Text vom laizistischen Standpunkt aus betrachten. Nur der Laizismus wird uns eine freie Interpretation und eine freie Lesart unseres Korpus, unseres Schrifttums ermöglichen.

A: Auch bedarf es einer neuen Lesart, die die individuelle religiöse Praxis maßgeblich von der kollektiven und sozialen Dimension trennt. Ohne jene neue und moderne Lesart wird der Islam Gefangener von Gewalt und politischer Macht bleiben. Eine neue Lesart muss her, die alles Politische, Kulturelle und Soziale vom individuellen religiösen Glauben trennt.

Religion muss etwas Individuelles sein. Wie kann es sein, dass der Islam, der akzeptiert, dass ein Jude oder ein Christ von seinem Glauben abtritt, um den Islam anzunehmen, nicht akzeptiert, dass ein geborener Muslim sich einer anderen Religion zuwendet?

H: Deiner Meinung nach gibt es keine verschiedenen „Islame".

A: Es gibt keinen moderaten und keinen extremistischen Islam, keinen wahren und keinen falschen. Es gibt einen Islam. Es besteht allerdings die Möglichkeit der unterschiedlichen Auslegung.

H: Es gibt die Lesart der fuqaha' (Theologen), die den Wahhabismus und demzufolge die Sharia nähren, und es gibt andere, die die griechische oder westliche Philosophie und die Geisteswissenschaften gelesen haben, und den ersten Islam nicht mehr akzeptieren können. Andere wiederum schlagen vor, die problematischen Verse zu entfernen. Ist das eine Lösung? Entweder ist es eine göttliche Schrift, und man findet sich damit ab, was allerdings im 21. Jahrhundert schwierig scheint, oder wir schaffen uns unsere Moderne. Von Anfang an sprechen wir hier eigentlich über die symbolischen und triebhaften Fundamente unserer Identität.

A: Es bedarf einer neuen, freien und reflektierten Lesart. Und wir müssen dieser Gleichsetzung von Islam und Identität ein Ende setzen. Die Religion ist keine Identität. Und ich möchte auf diese beiden Tatsachen aufmerksam machen: Zum Zeitpunkt der islamischen Eroberungen war die Welt nahezu unbewohnt. Die neue Religion stand keiner bedeutenden Zivilisation gegenüber. Deswegen konnte sich der Islam halten. Heute jedoch steht er einer Zivilisation gegenüber, die radikal mit ihrer Vergangenheit gebrochen hat. Er vermochte es nicht, mit den Errungenschaften der modernen Zivilisationen in einen Dialog zu treten. Insofern gehört der Islam der Vergangenheit an. Historisch gesehen ist die Zeit des Islam vorbei.

H: Die Anthropologen interessieren sich für Religion, weil sie sich für die symbolischen Grundlagen der Kultur interessieren. Wenn du sagst, die Zeit des Islam sei vorbei, verstehe ich darunter: Das Übermaß an Triebhaftem hat das Ende einer Religion eingeläutet, deren Grundlagen mehr triebhafter denn symbolischer Natur waren. Das ist entsetzlich.

A: Entsetzlich, in der Tat. Schaut man sich den Islam in der heutigen Welt an, überkommt einen ein Gefühl der Bitterkeit, oder man wird wütend und empört. Ignoranz, Grausamkeit, Obskurantismus.

Frauen werden geköpft, vergewaltigt oder ausgeraubt. Das ist das Ende der Menschlichkeit. Und die Muslime verlieren kein Wort über diese Realität. Ab und zu erheben sich hier und da einzelne Stimmen, doch gibt es kein wahres Aufbegehren.

H: Jenseits von Angst und Unfähigkeit zu denken, erklärt sich das Fehlen jeglicher Reaktion vielleicht aus einer Art Fassungslosigkeit vor dem, was vor sich geht.

A: Jedenfalls ist es beschämend.

H: So wie jede Renaissance braucht auch jeder Untergang sein Stadium der Latenz. Gut möglich, dass wir gerade der Agonie einer Welt beiwohnen.

A: Und sie wird lange dauern. Ich sage es mit Bedauern: Damals war es mein Vater, ein Muslim, der mich in Dichtung und Religion einweihte.

H: Du hast einen Text über den fehlenden wissenschaftlichen Fortschritt in der islamischen Weltsicht geschrieben. Doch die Geisteswissenschaften haben in der arabischen intellektuellen Sphäre noch gar keinen Eingang gefunden. Dämonen beispielsweise sind ja bekanntlich Projektionen. Darüber zu sprechen, kommt jedoch der Gotteslästerung gleich, da ihre Existenz im Korantext verankert ist. Psychotiker sprechen von Dschinn, doch die von Religion durchtränkte Gesellschaft hütet diese ihre Psychose. In unseren Gesellschaften beginnt man gerade erst, von Psychosen und Neurosen zu sprechen.

A: Noch heute spricht man, auch in akademischen Kreisen, von einer Hochzeit zwischen einem Mann und einer Teufelin oder zwischen einer Frau und einem Genie.

H: Im ersten Fall handelt es sich um Bilqis. In der muslimischen Version wird sie zur Frau Salomos. Die Legende besagt, sie sei halb Mensch, halb Teufelin. Ich würde sagen: so wie jede Frau, wenn man nicht in eine allzu buchstäbliche Lesart verfallen möchte.

A: Für Psychoanalytiker wie dich stellt der Islam ein sehr interessantes Feld da. Das magische Denken, die Legenden und der Aberglaube dominieren die muslimische Kultur. Die Muslime werden von diesen Legenden, die als absolute Wahrheiten gelten, regelrecht geplagt. Da bleibt kein Platz für wissenschaftliches Denken.

H: Das durch Religion und Analphabetismus geschützte magische Denken verhindert, dass die Psychoanalyse in der arabischen Welt Fuß fassen kann. Die Psychoanalyse ist und bleibt eine atheistische Denkrichtung, die die Tiefen der menschlichen Natur ergründet. Die Tiefen, das sind beispielsweise die Triebe, die psychische Bisexualität, die Phantasien. In unserer Kultur wurde bislang noch nicht über den fehlenden Vatermord im Islam nachgedacht oder über die Frage der Ich-Spaltung bei den ersten Überlieferern, die das Grauenhafte ohne jegliches Empfinden niederschrieben.

A: Jegliches psychoanalytische oder philosophische Denken, das Horizonte erweitern oder Legenden dekonstruieren könnte, wird bekämpft. Der Islam ist seinem Wesen nach anti-psychoanalytisch, weil die Psychoanalyse dem Denken und der Reflexion neue Horizonte eröffnet.

H: Sie vermag es sogar, Gott zu entthronen.

A: Natürlich. Ihrem Wesen nach stellt die Psychoanalyse einen Bruch mit der Religion dar.

H: In diesem Kontext kann die arabische Welt nur schwer einen Freud hervorbringen.

A: Freud war nicht Bürger eines jüdischen Landes. Er lebte in Wien. Er war Europäer mit jüdischen

Wurzeln. Es gibt Juden, deren Denken sich von der Religion emanzipiert hat. Doch sobald der Islam als Herrschaft entstand, widersetzte er sich jedem Denken, das ihn oder seine Fundamente in Frage stellen könnte. Und die aus den arabischen Gesellschaften hervorgegangenen Araber werden dann zu Franzosen, Amerikanern, Kanadiern oder Deutschen. Jene, die in Frankreich leben, wie du und ich, gehören im Grunde genommen nicht zur arabischen Gesellschaft oder zur muslimischen Kultur. Was hast du, von der Liebe zu deiner Familie abgesehen, mit der arabischen Kultur gemein?

H: Mir bleiben die Liebe zur Sprache und der Wille, die Geschichte als Legende in eine aufgearbeitete Geschichte zu verwandeln, um es mit den Worten von Michel de Certeau zu formulieren.

A: Der Islam setzte sogar der Sprache Schranken. Er erlaubte ihr nicht, sich auf allen Gebieten der Erkenntnis frei auszudrücken. Unsere heutige Sprache müsste sich der Moderne öffnen.

H: Wie schade, dass jene, die dich nicht auf Arabisch lesen, nicht sehen können, wie du den Korantext dekonstruierst, sei es im Kitab al-Hisar (Das Buch der Belagerung), in Ismael oder in Al-Kitab. Der Leser aus dem Westen kann die Tragweite der Dekonstruktion und der A-Religiosität in Adonis' Werk kaum erfassen. Anhand einzelner Verse erzählst du von der tiefen Verwurzelung der Legende und des magischen Denkens in der muslimischen Kultur.

A: Ich wollte diese religiöse Kultur dekonstruieren, der Sprache und dem Denken neue Antriebe verleihen. Wenn man mich aber heute fragt, was ich als Muslim geben kann, so würde ich sagen: Als Muslim kann ich nichts geben.

H: Du liebst Christus.

A: So wie ich Ibn 'Arabi, Niffarî, Abû Nûwas liebe... so wie ich die Poesie und die Kreativität liebe. Christus war ein Poet.

Eine schwierige Beziehung

H: Es gibt nicht einen einzigen Aufstand, um dagegen zu protestieren, was derzeit vor sich geht. Man könnte meinen, dass sich die Intellektuellen von der politischen Bühne verabschiedet haben.

A: Vielleicht, weil die Kultur mehr und mehr zu einem Beruf wird, und der Intellektuelle zu einem Bediensteten. Und als Bediensteter hat er es aufgegeben, die Dinge ändern zu wollen. Man kann nicht Bediensteter sein und kreative Gedanken hervorbringen. Die Generation von Sartre, Camus, Raymond Aron und anderen hat Spuren hinterlassen. Zum intellektuellen Engagement kam das politische Engagement. Sartre führte einen sowohl intellektuellen wie politischen Kampf.

H: Die Globalisierung hat vielleicht die Intellektuellen und das Denken im Allgemeinen in eine Sackgasse geführt. Es gibt nur noch eine einzige Ökonomie und eine einzige Kultur.

A: In Europa ist die Gesellschaft gealtert. Sie ist ermattet, geschwächt, vor allem durch die wirtschaftlichen Probleme: Die Arbeitslosigkeit ist hoch. Die Menschen haben Angst vor der Zukunft. Nahezu vier Millionen Franzosen sind arbeitslos. Vor Angst ziehen sie sich zurück anstatt sich der Zukunft zu öffnen. Folglich bedarf es einer Neuerung, damit sich die europäische Gesellschaft verändert und zukunftsweisend wird.

H: Bourdieu sagte, man müsse die Utopie wieder aufleben lassen.

A: Die Utopie kann ein Projekt sein. Aber anstatt die Zukunft zu gestalten, stehen wir in der arabischen Welt vor einem absoluten Projekt: sich der Religion zu verschreiben. Auch in Europa machen sich langsam Rückschritte bemerkbar. Allein schon auf politischer Ebene, wenn der durch den Wahhabismus verkörperte Obskurantismus durch den Westen unterstützt wird.

H: Der Westen trug stets zur Machterhaltung der Diktaturen in der arabischen Welt bei.

A: Richtig. Dem Westen geht es nicht mehr um Kultur, Aufklärung, Zukunft und Fortschritt, sondern um Geld.

H: Ich habe mir oft die folgende Frage gestellt: Wie kommt es, dass der Westen, anstatt die Bewegungen der Aufständischen zu unterstützen, sich mit den reaktionärsten Regimen einlässt?

A: Bei all dem möchte ich darauf hinweisen, dass, wenn wir vom Westen sprechen, es um die politische Institution und nicht um die einzelnen Menschen geht. Der Westen als politische Institution hat in seiner Beziehung zu den Arabern eine Tradition der Dominanz beibehalten. Das Gedächtnis der politischen Institution schließt die Erinnerungen an Poitiers und Andalusien ein. Diese Erinnerungen bleiben lebendig.

H: Glaubst du nicht, dass es auch ein Gefühl der Schuld gegenüber den Arabern gibt, die im Mittelalter das griechische Denken nach Europa trugen?

A: Es sei daran erinnert, dass die arabischen Philosophen nur eine Brücke waren. Sie waren Mittler und nicht Schöpfer. Der einzige Erneuerer war Averroes, der Kommentator von Aristoteles, dessen Werk ebenso einflussreich wie subversiv war. Er war in Europa verboten, besonders in Frankreich, da er als Aufrührer angesehen wurde. Deshalb galt er als Feind.

H: Andere wie Avicenna und Ibn al-Haythem bzw.

Alhazen im Lateinischen, wirkten bei der Einführung der Griechen mit, wobei sie einzigartige Werke hervorbrachten. Ibn al-Haythem war der Erste, der in der Physik vom Wesen des Lumen sprach. Seine Arbeit wurde von Witellion übersetzt, einem schlesischen Mönch, der den Namen des Autors jedoch nie erwähnte.

A: Es gab gewiss illustre Namen. Doch der institutionelle Westen nimmt gegenüber den Arabern eine andere Attitüde ein als gegenüber den Chinesen oder Japanern beispielsweise. Das kollektive Gedächtnis des Westens behält die Kreuzzüge und die Kolonisierung in Erinnerung. Der Geist der Kolonisierung ist noch immer lebendig.

H: Es gibt auch den religiösen Hintergrund: Die Beziehungen zum Fernen Osten sind anders, weil dieser nicht monotheistisch ist.

A: Eben. Die Beziehung des Westens zur arabischen Welt bleibt deshalb sehr doppeldeutig und komplex. Ein Grund dafür ist, dass der institutionelle Westen Beziehungen zu den Arabern in erster Linie in Politik und Handel sucht. Er ist an ihrem Reichtum und ihrer strategischen Lage interessiert. Aber nicht auf geistig-kultureller Ebene. Hinzu kommt, dass der Islam seinem Wesen nach anti-westlich ist.

Eigentlich tritt der institutionelle Westen mit dem institutionellen Islam in Beziehung. Und der institutionelle Islam, das sind Politik und Wirtschaft in Verbindung mit Gas und Erdöl. Der institutionelle Westen hat weder etwas mit den großen arabischen Schöpfern noch mit den Bestrebungen der arabischen Linken oder mit der Trennung von Staat und Religion zu tun. Heute unterstützt der politische Westen die Fundamentalisten.

H: Die Bestrebungen der Araber und ihrer linken Bewegungen werden also sowohl vom Wahhabismus als auch vom Westen angegriffen, der stets die Interessen der diktatorischen Regime wahrnahm.

A: Zwei gewaltige Kräfte stellten sich gegen die arabische Linke. Und vergessen wir nicht, dass der Islam ab 1258, als Bagdad fiel, nur noch Rückschritte registrierte. Er mag die Farbe alles Modernen angenommen haben, doch bleibt der Islam in dieser Regression gefangen.

H: Allerdings gab es im 19. und Anfang des zwanzigsten Jahrhunderts Gegenbemühungen, insbesondere von Intellektuellen. Damals forderten Schriftsteller die Dekonstruktion des traditionellen Weltbildes.

A: Es gab in der Tat Bemühungen von einigen namhaften Persönlichkeiten. Nur obsiegte die traditionelle Sichtweise.

H: Ist das einer unzulänglichen Vorbereitung, einem mangelnden Willen, dem Analphabetismus der Mehrheit oder fehlender Zeit geschuldet?

A: Allem zusammen. Dennoch gibt es einen Hauptgrund, scheint mir: Die arabischen Gesellschaften setzen sich aus Muslimen oder Gläubigen zusammen, die ihren Glauben nicht hinterfragen. Anstatt sich einer mutigen, radikalen und absoluten Reflexion unserer Kultur und Traditionen zu widmen, gaben sich die Intellektuellen mit einer oberflächlichen Arbeit zufrieden. Deshalb scheiterten sämtliche laizistische Bewegungen. Und der Westen tat das Seinige dazu, um das Entstehen einer wahrhaften arabischen Linken zu verhindern. Nehmen wir zum Beispiel den jemenitischen Staat. Aden galt als Zentrum einer linken Bewegung. Der Westen sah in diesem kleinen Staat einen großen Feind. Das bedeutet, dass der Westen keine Veränderung in der arabischen Welt wünscht. Er wendet sich gegen eine bessere Zukunft dieser Gesellschaften.

H: Ist die arabische Welt nicht ein wenig das kranke Kind des Westens? Wäre das nicht passender als die Formulierung „die Krankheit des Islam“?

A: Der Westen behandelt die Araber wie Spielzeuge oder Marionetten, nicht wie Herren ihrer selbst.

H: Ein alter Kranker also. Und dem politischen Westen ist an diesem Kranken gelegen. Er darf nicht sterben, aber auch nicht leben.

A: Der Westen verhandelt mit den Arabern auf ganz bestimmten Gebieten: auf dem Gebiet der Politik, Wirtschaft und Macht. Die Fundamente des Islam, sein Weltbild, sein Blick auf den Menschen und die Welt interessieren die westliche politische Institution nicht. Diese profitiert von den derzeit herrschenden Kriegen und Konflikten, um sich zu bereichern, und auf diese Weise der Wirtschaftskrise und der sozialen Krise zu entkommen. Die Orientalisten ihrerseits brillierten auf ihrem Gebiet, doch den Islam verstanden sie nicht.

H: Ich glaube, was die Orientalisten wie Corbin oder Massignon interessierte, war die Mystik oder die Spiritualität.

A: Mit einem kleinen Unterschied: Sie verstanden die Mystik als integralen Bestandteil des Islam. Das war ihr Fehler. Die mystische Liebe hat allerdings nichts mit der Offenbarung zu tun. Sieh dir nur den Zustand des heutigen Islam an. Was bleibt denn noch ohne die Poesie, ohne die Mystik und ohne die Philosophen? Was dem Islam seine Aura und seine derzeitige Präsenz verleiht, ist eben das, was vom Islam selbst geleugnet und verweigert wurde.

H: Der Westen jedenfalls behandelt diese Frage am liebsten an der Oberfläche. Möglicherweise wird er seine Unkenntnis über den Islam eines Tages teuer bezahlen.

A: Er muss sein Verhältnis zu den Anderen und zum Anderen überdenken.

Kunst, Mythos, Religion

H: Zur Benennung des Körpers im Arabischen haben wir die Begriffe al-jism und al-badan. Letzterer ist der erogene, libidinöse Körper. Du sagtest mir einmal, dass du dich, wenn du müde bist, vom Anblick eines tanzenden Körpers betören lässt. Du liebst den Tanz.

A: Der Tanz ist eine Kunst, die, ebenso wie die Poesie, dem Menschen die Möglichkeit gibt, sich von der Materie zu lösen, um sie besser zu sehen, sie besser zu verändern und besser zu verstehen.

H: Carmen von Carlos Saura hat dir sehr gefallen, insbesondere die beiden Frauen, die sich gegenüberstehen: Carmen und ihre Rivalin.

A: Der Tanz ist höchst menschlich. Rein und unverhüllt. Das ist große Kunst. Das Sich-Gegenüberstehen der beiden Tänzerinnen verstehe ich als ein Begehren, das Reinste und Unverhüllteste zu zeigen. Jede der beiden rivalisiert und sagt dabei zur anderen: „Ich bin die reinste, ich verkörpere jenen Teil des Menschen, der das rein Menschliche ist.“ Jede sagt: „Ich bin menschlicher als du und mehr ‚Kunst‘ als du.“ Einem tanzenden Körper zuzuschauen, heißt, sich selbst in seiner Reinheit außerhalb aller Materialität gegenüberzustehen.

H: Kunst für dich ist, ganz allgemein, die Kunst der Veränderung, auch wenn es um Naturelemente geht.

A: Ich wurde in eine mir unbekannte Welt hineingeboren, und der Zufall wollte es, dass ich etwas entdeckte, was sich „Kunst“ nennt, „Poesie“, und was mich zu dieser Frage verleitete: „Wer bin ich?“ Die Kunst hilft mir in gewisser Weise, den Ort, an dem ich mich bewege, an dem ich lebe und meinesgleichen sehe, besser zu verstehen. Sie hilft mir, dieses Universum, in das ich hineingeboren wurde, besser zu begreifen.

H: „Wer bin ich?“ Das ist eine fundamentale Frage für dich. Eine Frage über das nichtferngesteuerte, in seinem Forscherdrang, Wissensdurst und Erschaffen freie Wesen.

A: Wenn ich die Dinge erforsche, gebe ich mich völlig hin. Und folglich empfinde ich. Es gibt Freude und Traurigkeit. Die Erfahrung des Erforschens ist voller Empfindungen. Es verändert das Individuum.

Eine innere und ständige Veränderung, weil es ein ständiges Erforschen ist. Schreiben ist also empfinden und sich verändern.

H: Ich erkenne hier den Leser von Heraklit und Ibn 'Arabî, der die fortwährende Veränderung preist.

A: Was in dieser vergänglichen Welt bleibt, sind Kunst und Kreativität. Der Mensch ist naturgemäß ein schöpferisches Wesen, das sich verändert und sich wandelt. Ich wurde in diese menschliche Tätigkeit hineingeworfen, die man künstlerisches Schaffen nennt. Und was bleibt, ist das Werk der Schöpfung. Die Kunst zeugt davon, dass der Mensch ein großer Schöpfer und die Natur die Mutter aller Neuerungen ist. Dies erklärt, weshalb im Islam die Skulptur und das Bild im Allgemeinen verworfen, ja vernichtet werden.

H: Du hast mit großen Malern und Bildhauern zusammengearbeitet.

A: Ich interessiere mich seit den 1950er Jahren für die Kunst. In Syrien war ich ständiger Gast in Künstlerateliers. Eines Tages lernte ich Fâtih al-Modarris kennen, einen großen Maler in Damaskus. Seitdem unterhielt ich stets Beziehungen zu Malern, ihre Werke und der Austausch mit ihnen waren inspirierend und bereichernd für mich. Zu meinen Freunden zählen Künstler, mit denen ich Bildbände, Kataloge und Ausstellungen herausgegeben bzw. organisiert habe. Demnächst wird ein großer Band über meine Beziehungen zu den arabischen Malern erscheinen, der den Titel jamâliyat at-tahawwul (Die Ästhetik der Veränderung) trägt.

H: In der Kunst der Veränderung gibt es für dich ein Miteinander von Hand und Geist.

A: Ganz und gar.

H: Aus diesem Miteinander von Hand und Geist entstanden Kollagen. Diese deine Kollagen bewegen sich auf der Ebene der Dekonstruktion. Das hat nichts mit der arabischen Kalligraphie zu tun, die zwar sehr schön, doch monochrom ist. Diese Dekonstruktion erinnert mich an deinen Text über Sabhan Adam, in dem du erklärst, wie dieser Künstler mit der Maxime „Er schuf den Menschen nach Seinem Bild" brach. Sabhan Adam schuf ein Werk der Defiguration, die dich berührt, weil sie die Kunst gegen die Religion darstellt.

A: Bei Sabhan Adam ist das Wesen hybrid. Gesicht und Körper sind deformiert. Das ist eine Art, den Körper von den ästhetischen und religiösen Normen zu befreien, die auf ihm lasten, eine Art, die Menschheit ob des Menschlichen und auch seiner Animalität zu befragen. Der Künstler wirft die von der Religion bewusst umgangenen Fragen auf.

H: Was ist eine Form? Was ist ein Bild? Was ist die Wahrheit des Menschen?, um nur einige Fragen zu nennen, die dich umtreiben. Du hast schon immer die von der Schrift vertretene „Wahrheit" kritisiert. Deine Dichtung nimmt sich dieser Fragen an.

A: Der Islam betrachtet die Poesie als Verirrung und Schwindel und als losgelöst von der Wahrheit.

H: Freud würdigte immer die Feinsinnigkeit der Dichter, durch die sie die verborgenen Bewegungen der Seele erfassen, sowie ihren Mut, die Wahrheit des Unbewussten sprechen zu lassen. Doch dieser Subjektivität gelingt es nur schwer, sich der Last des Religiösen zu entledigen.

A: Der Islam hat die Poesie getötet. Dieser Mord ist eigentlich ein Mord an der Subjektivität, am individuellen Empfinden, an seiner Lebenserfahrung zugunsten des gemeinsamen Glaubens, des der Umma (der islamischen Gemeinschaft). Der Islam ließ es nicht zu, dass die Poesie zu einem Wissen und einer Suche nach der Wahrheit wurde.

Er hat sie verbannt und verurteilt. Doch verliert die Poesie jeglichen Sinn, wenn sie nicht mehr Suche nach der Wahrheit ist. Ich würde sagen, dass die Poesie eine Demontage und Aushöhlung der Religion ist, sowohl was den Glauben als auch ihren Begriff vom Wissen angeht. Denn die Poesie sagt die Wahrheit.

H: Der Koran verurteilt die Dichter. Sechs Verse wenden sich gegen die Poesie. Als Beispiel sei hier folgender Vers angeführt:
„Und die Dichter, es folgen ihnen die Irrenden. Schaust du nicht, wie sie in jedem Wadi verstört umherlaufen?[97]"

A: Vom dichterischen Standpunkt aus gesehen ist die Religion ein doppelter Nihilismus: Denn sie dekonstruiert die Schönheit der irdischen Existenz, die sie stattdessen mit unendlich vielen Legenden über das Paradies füllt. Die Poesie hat den Vorteil, das Göttliche direkt anzugehen, ohne zu einer neuen Religion zu werden. Sie ist nicht ideologisch. Wie die Mythologie hinterfragt auch sie und öffnet der Suche unendlich weite Horizonte.

H: Eines Tages hattest du durch Zufall ein Buch über Adonis entdeckt. Damit begann dein Interesse für die Mythologie.

97 Koran, 26:224.

A: Die Begegnung mit Mythologie ist eine Begegnung mit der Kraft der Kreativität, jener universellen Kraft im Menschen.

H: Seitdem hat Orpheus es dir angetan, Narziss ist ein Problem für dich. Und Odysseus? Du verweilst selten an einem Ort…

A: Jedes Mal, wenn ich heimkehre, träume ich von der nächsten Reise.

H: Du bist nicht Odysseus.

A: Nein. Ich bin nicht Odysseus. Odysseus ist klassisch, traditionell und ein wenig romantisch. Eigentlich ist er nichts Besonderes. Gewiss, er hat Abenteuer erlebt, die andere nicht erlebten. Doch war er wie alle anderen: Während seiner Reise träumte er von der Rückkehr.

H: Und doch wies er die ihm von Calypso angebotene Unsterblichkeit zugunsten einer anderen Unsterblichkeit zurück.

A: Er entschied sich für sein Haus und seine Frau, Odysseus stellte keinerlei tiefsinnige Fragen. Er bleibt diesseits des Mythos. Der Mythos ist komplexer, reicher. Ödipus stellt unendlich viele Fragen, ähnlich wie Orpheus oder Narziss. Odysseus hat Bewährungsproben bestanden, er siegte und kehrte heim. Odysseus versinnbildlicht den Lobgesang auf das Heim.

H: Das ist das ruhmvolle Ich oder die heldenhafte Seite des Ich. Das ist nicht Orpheus.

A: Was mich an der Kunst und am Mythos interessiert, ist dieses unaufhörliche Hinterfragen. Ebenso wie der Mythos, so hinterfragt auch die Kunst. Die Religion dagegen ist, wie ich es bereits sagte, eine Antwort.

H: Ich verstehe dein Aufbegehren gegen den Islam. Er bekämpft den Mythos ebenso wie die Poesie. Die Poesie dagegen beschreibt die Existenz der Götter auf mythische Art. Es gibt keine Sprache ohne Mythos.

A: Die Welt existierte vor dem Monotheismus. Sie war vielfältig und reicher. Den Mythos oder die Kunst zu ersticken, heißt des Menschen Feuer zu löschen.

H: Die Kunst sagt die Wahrheit des Unbewussten, sie drückt die Subjektivität eines jeden aus. Es ist diese Wahrheit, die des Unbewussten, die in unserer Kultur noch nicht hinreichend behandelt wurde.

A: Die Jahre nach der Entstehung des Islam als

Regime läuteten das Ende der Poesie ein, die erst wieder in der Zeit der Abbassiden aufblühte. Ebenso wie der Korantext die Kreativität und den Entdeckergeist verurteilt, beschränkte er den Horizont der Sprache und ihrer Freiheit, die Welt zu besingen.

Die Poesie zwischen Sprache und Gebot

H: Den arabischen Dichtern zu Beginn des 20. Jahrhunderts, wie Rusâfi beispielsweise, gelang es trotz ihrer Bemühungen nicht, eine moderne Dichtung zu schaffen. Warum, glaubst du?

A: Wir müssten uns zunächst auf den Begriff der Moderne einigen. Die Moderne in Frankreich ist anders als die in den Vereinigten Staaten. Aber, da wir nun einmal von der arabischen Moderne sprechen, was bedeutet „arabische Moderne" eigentlich? Ist sie auf einer poetischen oder gedanklichen Ebene zu verstehen, oder gar alltagsbezogen?

H: Wir sprechen von der Dichtung.

A: Modern sein im arabischen Kontext heißt zunächst, mit dem etablierten Diskurs zu brechen. Ein moderner Mensch bleibt nie im ererbten oder herrschenden Kontext verwurzelt. In der Poesie hat die Moderne mit Bashshâr ibn Burd und Abû Nûwas, im 8. Jahrhundert der christlichen Ära begonnen. Sie haben einen Bruch mit dem poetischen Konzept der Vergangenheit eingeleitet. Sie brachen zunächst mit der religiösen Welt und der religiösen Sicht auf die Welt, die Dinge und das Leben. Die Art sich zu äußern, änderte sich.

H: Können wir sagen, dass sie eine neue Sprache geschaffen haben?

A: Abû Nûwas und Bashshâr ibn Burd haben die Sprache des „modernen" Lebens in Bagdad erfunden. Diese Moderne erlebte ihre Blütezeit mit al-M'arrî, der radikal mit der Kultur der Gewissheiten brach. Die Dichter des beginnenden 20. Jahrhunderts, wie etwa Rusâfi, wollten eine Moderne unter Beibehaltung der klassischen und traditionellen Ausdrucksform herbeiführen.

H: Nun verstehe ich besser: Sie sprachen nun nicht mehr von der Kamelstute, sondern von der Lokomotive, doch immer noch im alten Stil.

A: Rusâfî entschied sich für eine Neuheit, die Lokomotive, und setzte sich über den Geist hinweg, der sie erschuf. Im Grunde hat er nichts verändert. Die Dichtung der nahda (Wiedergeburt) bleibt eine Nachahmung und Wiederholung der Vergangenheit. Durch die Wahl der Lokomotive allein hat der

Dichter nichts vom Westen abgeschaut, ausgenommen die materiellen Dinge, und dabei vergessen, was die großen Dichter des 8., 9. und 10. Jahrhunderts, also weit vor der europäischen Moderne, geschaffen hatten.

H: Unsere Moderne liegt hinter uns. Und Sayyâb[98]?

A: Sayyab läutete den tatsächlichen Beginn der Moderne ein. Er ist der bedeutendste moderne Dichter. Alles, was vor ihm existierte, war eine Wiederholung und eine blasse Nachahmung der Alten. Zu nennen wäre auch Nizâr Qabbânî[99], der eine neue und freie Sprache schuf sowie Abdel Sabour[100], der, auf dem Höhepunkt des Einflusses von Shawqî[101], einen Bruch mit dieser klassischen Eloquenz vollzog, und der Dichtung den Blick auf den Alltag öffnete. Zwei große, kürzlich verstorbene Talente sind außerdem Ounsi el-Hajj[102] und Mohammed al-Maghout[103]. Bis heute fehlt es den Dichtern aber an Kühnheit und Initiative, sie scheuen den wahren Bruch mit der religiösen Kultur.

98 Badr Shâkir als-Sayyâb. 1926 im irakischen Bassora geboren, 1964 gestorben.

99 Nizâr Qabbânî. Syrischer Dichter und Diplomat. 1923 in Damaskus geboren, 1998 gestorben.

100 Salâh Abdel Sabour. Dichter, Dramaturg und Essayist. 1931 in Ägypten geboren, gestorben 1981.

101 Ahmâd Shawqî . Dichter. 1868-1932.

102 Ounis el-Hajj. Libanesischer Dichter. 1937-2014.

103 Mohammed al-Maghout. Syrischer Dichter. 1934 (Salamiyé) – 2005 (Damaskus).

H: Nun wird mir klar, was du „Bruch mit der religiösen Kultur“ nennst. Ich erinnere mich an ein Gedicht von al-Hutay‘a[104] über seine Mutter: Ein Gedicht, in dem er einen regelrechten Muttermord vornimmt. Die religiöse Kultur sagt nun aber, dass „das Paradies zu Füßen der Mutter liegt“, sie verehrt die Mutter. Al-Hutay’a spricht in einem anderen Gedicht von einem Narziss, der sein Gesicht verabscheut; das ist das, was du zu Recht als Subjektivität oder menschliche Erfahrung bezeichnest.

A: Al-Hutay’a gehörte zur vorislamischen Zeit. Es gehörte sich ebenso von diesen Dichtern zu sprechen wie die Moderne von einem Villon sprach. Er war ein Avantgardist der Moderne. Wie Tarafa[105], der zu den Großen der Moderne gehörte oder Imru’u l-Qays, der eine Frau darstellte, die die sexuelle Befriedigung durch ihren Mann genießt und dabei das Kind stillte. Hätte Freud dieses Gedicht gelesen, hätte er womöglich seiner Theorie einiges hinzugefügt.

H: Die Psychoanalyse, die als kopernikanische Wende bezeichnet wird, bleibt in Bezug auf die Frau der Tradition verhaftet. Das Bild von Imru’u l-Qays erwähnt eine doppelte Lust: als Frau und als

104 Al-Hutay’a. Dichter aus der vorislamischen Zeit, der sich während der Herrschaft von Abû Bakr zum Islam bekehrte.

105 Tarafa ibn al-‘Abd. Vorislamischer Dichter. Er trug auch den Beinamen „Der junge Ermordete“, weil er um das Jahr 564 im Alter von sechsundzwanzig Jahren zerstückelt und lebendig begraben wurde.

Mutter. Erst Mohammed Choukri wagte es in Das nackte Brot von der Mutter als Frau zu sprechen.

A: Ein prächtiges Bild. Die vorislamische Dichtung war, wie die von Bashshâr ibn Burd und Abû Nûwas ein sehr moderner Raum. Der Islam bekämpfte diese Moderne und Kreativität, die aus der menschlichen Erfahrung schöpfen. Ich bedaure, dass es bis heute in der arabischen Welt keine ernsthaften Abhandlungen über die Dichtung, die poetische Sprache und die arabische Ästhetik gibt.

H: Ich erinnere daran, dass du der erste warst, der einen langen, von mir ins Französische übersetzten und vom Comité Colbert veröffentlichten Artikel über die arabische Ästhetik schriebst, einen Text über Wörter und Begriffe, die den Luxus beschreiben.

A: Mir wurde in der Tat bewusst, dass es keinen einzigen Text über die arabische Ästhetik gab. Ich bekam den Auftrag, mich mit der spirituellen Dimension des Luxus in der arabischen Gesellschaft, der Odyssee der Wörter und ihrer Musikalität zu beschäftigten.

H: Die Odyssee der Wörter in ihrer Liebe zu den Dingen. Ich habe Untersuchungen über dein Werk und das von Mahmoud Darwich gelesen. Dabei gilt das Interesse eher dem Wort des Dichters als der dargestellten Sache.

A: Einen Gedanken hervorzubringen geht damit einher, sich über die herrschende Kultur hinwegzusetzen. Es gibt Dichter, die den Bruch vollzogen und einen neuen Raum für die Sprache der Poesie öffneten. Leider waren es nur wenige. Dabei ist Abû Nûwas, wie ich bereits sagte, im 8. Jahrhundert moderner als viele Dichter des 20. Jahrhunderts. Er verstand es, eine andere Sprache und eine andere Welt hervorzubringen.

H: Du sagst, dass die arabische Sprache eine Eruption ist.

A: Weil sie natürlich ist, und aus diesem Grunde universell. Universell und menschlich. Sie ist auch mythisch, weil sie natürlich entstanden ist. Sie wurde nicht von Gott hervorgebracht. Sie wurde weder von Ihm noch von einem außerirdischen Wesen geschaffen. Sie ist in der Tat wie eine Eruption.

H: Die aus der Erde kommt?

A: Aus dem Menschen, dem Menschlichen, der Erde und dem Kosmos. Deshalb ist sie auch universell. Die Religion hat sie gedrosselt und der Universalität entzogen. Das Gedicht bricht wie ein Quell hervor. Es war wie der Wind, wie das Licht oder die Bewegung der Wüste, wie ein Planet oder eine Palme. Die vorislamische Dichtung entstand außerhalb jeglichen Dogmas und jeglicher Theoretisierung. Sie war natürlich, das Ergebnis reiner Spontaneität. Die Theoretisierung brachte die Metasprache mit sich.

H: Lacan spricht von „Lalangue"[106] in einem einzigen Wort. Der Mensch definiert sich durch die Sprache. Wenn ich das Wort Muttersprache höre, scheint mir, dass dieser Begriff im Arabischen fehlt. Irre ich mich?

A: Die Sprache der „Kultur" ist die Sprache des Vaters.

H: Könnte man also sagen, dass es eine Vater- und eine Muttersprache gibt?

A: Ja, die Sprache der Kultur ist die des Vaters, und die der Natur die der Mutter.

H: Das heißt, dass der Klang, die Musikalität, das Urvertrauen…

---

106 Anm. d. Übers.: Die Sprache der Mutter aus der Perspektive des Kindes, d.h. die auf dem Klang beruhende Muttersprache und ihre Mehrdeutigkeit.

A: … alles ist, was außerhalb des Verstandes, der Rationalität und der Rationalisierung steht.

H: Warum hast du, der zu Adonis wurde, in deinem Gedicht über deine Mutter, sie Oum 'Alî[107] genannt? Vor deiner Mutter bist du plötzlich 'Alî und nicht mehr Adonis. Wie ein Appell an diesen ersten Klang und an dieses Urvertrauen am Beginn des Lebens.

A: Ich nenne sie Oum 'Alî, um anzuerkennen, was innig, sehr persönlich war, und was an einen Ort und einen Kulturraum gebunden war. Ich glaube, dass es weiblicher ist, von Oum 'Alî als von Oum Adonis zu sprechen. Ich nenne sie auch Oum 'Alî, um den Raum zu benennen, in dem sie lebte. Ehrlich gesagt gehört Oum 'Alî nicht zu Adonis. Sie gehört zu 'Alî. Adonis, das ist viel mehr das Fremde in mir, das andere in mir.

H: Dieses Gedicht ist sehr stark und sehr schön. Du gibst ihre Worte, ihren Blick, ihre Fragen, ihre Sorgen als Mutter und Großmutter mit viel Liebe und gleichzeitig viel Abstand wieder. In dem Gedicht spüren wir die Liebe eines Sohnes und den Abstand eines Beobachters. Das ist eine doppelte Bewegung.

---

107 Die Mutter trägt in der muslimischen Kultur ab der Geburt ihres ersten Sohnes den Namen „Mutter von [Name des Erstgeborenen]".

A: Ehrlich gesagt habe ich nie daran gedacht und es nicht geplant. Ich freue mich, dass diese Bewegung wahrgenommen wird.

H: Du hast deine Mutter schon immer als diesen stillen Sockel beschrieben, aus dem allein die poetische Sprache entstehen kann. So habe ich mir immer Oum 'Alî vorgestellt, die Oum Adonis ist. Ich sagte mir, als ich dein Gedicht las, dass, wenn du von Oum 'Alî sprichst, du ihr in gewisser Weise das ursprüngliche Kind zurückgibst, bevor es zu Adonis wurde. Adonis ist das kulturelle Kind, das Kind in seiner Vielfalt. 'Alî ist das Erstgeborene.

A: Eine schöne Erklärung. Deine Erklärung für die Beibehaltung von Oum 'Alî gefällt mir. Ich bleibe mit meiner Mutter durch den Vornamen 'Alî, nicht durch Adonis verbunden. Möglicherweise ist es auch für mich eine Art, mich zu sehen und mich besser durch meine Mutter zu sehen.

H: Der englische Psychoanalytiker Winnicott definiert das Gesicht der Mutter als einen Spiegel für das Kind.

A: Es gibt nun eben von Natur aus nur eine Mutter. Aber man kann mehr als einen Vater haben. Die Mutter ist diejenige, die das Kind austrägt. Deshalb ist die Sprache des schöpferischen Menschen die an die Mutterschaft gebundene. Und deshalb spricht man von der „langue-mère".

H: Du sprichst in der Tat von der „langue-mère" (al-lugha al-umm). Ich denke, dass es einen Unterschied zwischen der Muttersprache und der Sprach-Mutter in dem Sinne gibt, dass die Muttersprache die ist, die von der Mutter gesprochen wird. Das sind die Worte der Mutter, ihre Stimme, die Musikalität dessen, was sie sagt, wogegen im Ausdruck die „langue-mère" die Sprache Mutter ist.

A: Absolut. Ich wurde von der Sprache wie von der Mutter erschaffen.

H: In der arabischen, mittelalterlich genannten Gesellschaft schreibt Ibn 'Arabî, und hier kommt er dem Mythos nahe, Folgendes: So wie Eva ohne Mutter geschaffen wurde, ward Jesus ohne Vater geboren.

A: Ich bin damit einverstanden, wenn man im Universum der Mythologie bleibt. Als Mythos ist das sehr gut.

H: Wäre es kein Mythos, hätte er nicht weitergesponnen: Adam und Maria sind die Eltern, Jesus und Eva sind Bruder und Schwester.

A: Weil die religiöse Eva alles verfälscht. Eva müsste wie Adonis sein, wie Ishtar: Sie müsste Teil der Mythologie sein.

H: Diese „langue-mère“ lässt dich nicht los. Du sagtest einmal, dass du nie in Französisch geschrieben hast, weil die arabische Sprache dir eine große Treue abverlangt.

A: Eine bedingungslose Treue.

H: Kann man sagen, dass du dank dieser Treue nicht der Melancholie des Exils verfällst? Du hast in den Vereinigten Staaten gelebt, in Genf gelehrt und du lebst seit langem in Frankreich. Dennoch fühlst du dich, auch trotz dieser Ortswechsel, nicht im Exil.

A: Solange ich in meiner Sprache lebe, solange ich dieses einzigartige Gefühl der „langue-mère“ habe, fühle ich mich nicht im Exil. Exil fällt in den Bereich des Politischen, des Nationalismus und der Ideologie. In den von dir zitierten Ländern hingegen hatte ich nie das Gefühl von Exil. Ich fühlte mich im Gegenteil in meinem eigenen Land im Exil. Wenn ich heute nach Syrien fahre, sehe ich das Land wie einen Ort, der allen anderen Orten ähnelt. Natürlich hat das Land für mich etwas Besonderes: Sonne, Meer, Familie, Freunde. Aber letztendlich ist Syrien als politisches und kulturelles System für mich wie irgendein anderes Land. Mein Hauptproblem ist also Folgendes: Wie könnte ich mich besser als durch meine eigene Sprache (er)kennen? Meine Sprache ist mein Land, meine Geographie, mein Raum, und der Ort, mit dem ich verwurzelt bin.

H: Wenn es Wurzeln gibt, dann in der Sprache. Ich finde, dass du poetisch und wunderbar die „Lalangue“ genannte Sprache verkörperst.

A: Ich bin ein Sprachmensch. Und ich glaube, dass die Sprache nicht nur Wort ist. Sie ist ein anderer Aspekt der Mythologie. Im Sinne von Lacan ließe sich die „Worthologie“ erfinden, eine Variante der Mythologie.

H: Mahmoud Darwich sagte auch: „Ich bin meine Sprache.“ Er hatte alles verloren: die Heimaterde, den Baum, den Brunnen, das Dorf… Es blieb ihm nur die Sprache, in der er diesen Verlust und seine Zerrissenheit ausdrückte.

A: In gewissem Sinne ja, aber er trennte seine Sprache nicht von seiner Heimaterde. Sprache und Erde waren bei ihm eng miteinander verbunden. Weil die Erde an eine Sache gebunden ist.

H: Es geht nicht um eine nationale Sache, sondern um die Freiheit eines Volkes.

A: Selbstverständlich.

H: Könnte ich sagen: Weil du nicht diese nationale Sache hattest, war dein Aktionsradius universeller?

A: Als ich jung war, interessierte ich mich für verschiedene Ideologien und war politisch aktiv. Heute, vielleicht, weil ich vor Mahmoud Darwich geboren wurde, habe ich die Ideologien überwunden. Der Mensch ist mein Problem, und das Universum selbst ist meine Sache. Es gibt eine Freiheit, die an eine Sache gebunden ist, an eine Politik oder an ein Volk, sagen wir, eine soziale oder historische Freiheit, und eine Freiheit, die nichts mit der Freiheit etwa zu reisen oder zu lieben zu tun hat. Ich würde sagen: Solange der Mensch auf dieser Erde nicht frei ist, ist die Menschheit nicht frei. Ein Franzose kann nicht frei sein, frei im wahrsten Sinne des Wortes, wenn der Palästinenser gefangen oder seiner Freiheit beraubt ist. Die Freiheit ist menschlich und der Mensch ist verantwortlich für die Freiheit jedes Menschen.

H: Du verleihst dem Exil eine sehr subtile Bedeutung. So möchte ich die Frage über den Islam und die

Dimension des Exils erneut zur Sprache bringen. In Der Mann Moses und die monotheistische Religion vertritt Freud die Auffassung, dass die Religionsgründung nicht von der Figur des Fremden zu trennen ist. Vereinfachend sagen die arabischen Schriftgelehrten, dass der Islam mit einem Exil begann.

A: Im Islam gibt es kein wahrhaftes Exil. Die Umsiedlung von Mekka nach Medina ist kein Exil. Es ist dasselbe Land, dieselbe Sprache, es sind dieselben Traditionen. Es gibt nicht das geringste Umherirren. Die Umsiedlung hat hier nicht den eigentlichen Wert des Wortes „Exil". Ein Stamm, der von einem Ort zum anderen zieht, oder der vor den Feinden flieht und von einem anderen gastfreundlichen Stamm aufgenommen wird, durchlebt nicht diese Dimension des Exils.

H: Sie kamen also nicht in die Fremde. Und Tabarî sagt, dass die ersten Muslime, die die Ereignisse zeitlich nicht einzuordnen verstanden, sich dafür entschieden, sie ab dem Eintreffen der Mekkaner in Medina zu datieren. Aus praktischen Gründen.

A: Natürlich. Durch den Ortswechsel gewannen die Quraisch außerdem an Macht. Man kann sogar behaupten, dass sie den Ort wechselten, um sowohl die Emigration als auch das Exil zu überwinden, es ging um Sieg und Dominanz. Exil ist Zerrissensein, Überschreiten, Bewährungsprobe, Wendung im Leben. Die ersten Muslime aber, die den Ortswechsel vollzogen, bauten vielmehr ihre Macht und Herrschaft aus.

H: Du zitierst oft den Vers von Abû Tammâm: „In deinem Exil liegt deine Wiedergeburt“, oder „Gehe ins Exil, um dich neu zu erschaffen“.

A: Das geht über die politische Dimension hinaus. Das ist vielmehr die Erfahrung des Menschlichen.

H: In dem Vers finden wir das Wort ghurba, d.h. Fremdsein, mit allem, was dazugehört, wie etwa Schwäche, Fremdheit, Nostalgie, Verzweiflung.

A: Genau. In dem von uns beschriebenen Kontext, der Reise von Mekka nach Medina, handelt es sich eher um eine Invasion, einen Ortswechsel aus machtpolitischen Gründen.

H: Man könnte sagen, dass mit dem Eintreffen der Quraisch bei den Ansâr in Medina und angesichts ihres enormen Triumphes, die Ansâr zu den eigentlichen Exilanten wurden!

A: Absolut. Die Ansâr wurden verleugnet, verunglimpft, als ob sie nichts für den Islam und seinen

Propheten getan hätten. Sie haben die Quraisch aufgenommen, ihnen ihre Herzen und Häuser geöffnet und sie verpflegt. Sie gaben ihnen Obdach und verteidigten Mohammed gegen die Mekkaner. Das Ergebnis: völlige Ablehnung. Die Quraisch übernahmen die Macht, und setzten sich über die Ansâr hinweg. Omar sagte: an-nubuwwa fî banî Hâshim (das Prophetentum liegt in den Händen der Banû Hâshim[108]) und das Kalifat ist für die restlichen Quraisch. Ein Teil der Quraisch hatte das Privileg des Prophetentums inne und der andere Teil die Macht. Die Ansâr waren dabei die Verlierer.

H: Sie erlebten also ein regelrechtes inneres Exil.

A: Jedenfalls wurden sie ausgegrenzt.

H: Ich verstehe das so, dass die Quraisch nicht diese Exilerfahrung durchlebten, da sie in das Gastland die Sprache der und die Liebe zur Macht mitnahmen. Das Exil kann Durchmischung oder Hinwendung zum anderen bedeuten, es kann aber ebenso zerstörerisch sein.

A: Zum Exil gehören ein Bewusstsein und eine Kultur. Ein kulturloser Mensch fühlt nicht, versteht nicht, was Exil bedeutet.

108 Banû Hâshim. Die Familie Mohammeds.

H: Dennoch kann dieser Mensch leiden, nämlich durch den Umstand, seiner Erde und seiner Sprache entrissen zu sein.

A: Weit von seinen Eltern, seinen Freunden, seinem gewohnten Haus zu sein, ist die banalste Stufe des Exilempfindens. Meiner Meinung nach kann man nicht von Exil im absoluten Sinne sprechen. Das Exil ist eine Lebenserfahrung, eine kulturelle, sprachliche Erfahrung, eine Erfahrung der Beziehung zum Anderen. Das lässt sich nicht verallgemeinern. Jeder hat sein Exil. Es gibt Menschen, die suchen regelrecht das Exil und entfernen sich von dem Milieu, in dem sie geboren wurden, andere mögen ihre Sprache nicht und suchen eine andere, es gibt andere, die nicht die Wahl haben. In diesem Falle handelt es sich um ein auferlegtes oder erzwungenes Exil.

H: In Mawsim al-hijra ilâ ash-shamâl (Zeit der Nordwanderung)[109] ist es der sudanesische Exilant, der sich in dem Bild, das sich der Europäer vom Araber macht, nicht wiederfindet. Bei seiner Rückkehr erlebt er diesen Satz von Khatibi am eigenen Leib: „Die Rückkehr ins Land ist eine schöne Illusion. Man kehrt nie mehr nach Hause zurück, son-

109 Tayeb Salih: Zeit der Nordwanderung [übersetzt von Regina Karachouli]. Basel: Lenos, 2010.

dern in den Kreis seines Schattens[110]."

A: Es gibt kein absolutes Exil. Man muss es von Fall zu Fall betrachten. Solange es Freundschaft und Liebe gibt und solange der Andere da ist, fühle ich mich selbst nicht als Exilant. Solange es die Kreativität gibt, habe ich nicht das Gefühl, im Exil zu leben.

H: An dir habe ich auch nie eine Spur von Melancholie des Exils erlebt. Jedoch eine sehr starke Verbundenheit mit vertrauten Gesten: die Art, wie du beispielsweise bestimmte Gerichte mit Öl beträufelst, einen Kaffee trinkst, Käse isst, das heißt, wenn du deine primären Sinnesobjekte wiederfindest.

A: Das sind Empfindungen gegenüber Bekanntem. Das ist auch eine körperliche Gewohnheit. Genauer gesagt, ich habe immer wieder Lust, an den Ort zurückzukehren, an dem ich laufen lernte.

---

110 Abdelkebir Khatibi: La Mémoire tatouée. Paris: Denoël, 1971.

Jenseits von Al-Kitâb

H: Al-Kitâb zeugt von deinem Engagement als Schriftsteller und Dichter. Die Geschichte wird normalerweise von den Siegern geschrieben. Du schreibst eine andere Geschichte, die Geschichte der Rebellen. Du gibst denen ein menschliches Gesicht wieder, die umgebracht wurden, du erinnerst an die Namen der Verschwundenen, du gibst ihnen eine Stimme. Und um mit den Worten von Janine Altounian zu sprechen, gibst du ihnen „ein Leichentuch", damit sie nicht für immer wie gequälte Seelen umherirren müssen.

A: Die reale Geschichte ist die dieser Besiegten. Es sind diese Verbannten, diese Verurteilten und diese Ausgegrenzten, die unsere Literatur, unsere Poesie, unsere Phantasie und unsere Philosophie geschaffen haben. Sie haben die Aura dieser Kultur geschaffen.

H: Al-Kitâb ist ein neues Genre. Es ist aber vor al lem ein neuer Diskurs in dem Sinne, dass Geschichte anders geschrieben und gelesen werden kann. Das ist eine Premiere.

A: Das ist eine Premiere in der Geschichte der Araber.

H: Und die Art, die Ereignisse in Form von Wiederholungen zu erzählen, hat mich als Analytikerin besonders interessiert. Du wiederholst die Namen der Individuen, der Orte, die Worte des râwiya (des Erzählers), und versuchst damit, das, was im Gedächtnis verschlossen oder versunken war, an die Oberfläche der Psyche zu holen. Es wird so lange wiederholt, bis die Psyche nach und nach das Ereignis wieder denken kann. Das ist eine Art und Weise, den Dingen einen Sinn zu geben.

A: So bin ich in all meinen Schriften, sowohl in der Poesie als auch in den Essays vorgegangen. Ich strebte danach, dieser verschwiegenen Geschichte den Schleier zu entreißen und zu sagen, dass es eine verborgene, versteckte Geschichte gibt, die bekannt werden muss. Viele Ereignisse mussten ans Licht, viele Tatsachen erzählt werden. Im Grunde geht es darum, dass die Geschichte nicht neu geschrieben werden kann, solange wir unsere Art und Weise, die Vergangenheit zu betrachten, nicht in Frage stellen. Wir müssen unsere Vergangenheit revidieren und sie von einer neuen Perspektive aus betrachten. Die arabische Welt hat dies stets verweigert. Ohne diesen neuen Blick läuft unsere Kultur Gefahr, zu verschwinden.

H: Al-Kitâb ist subversiv. Nicht nur, weil du dich dem religiösen Diskurs widersetzt, sondern, weil du den Diskurs, der uns bis heute regierte, entthronst. Es ist auch subversiv, weil du ebenfalls den tradierten Gebrauch der Wörter dekonstruierst. Der Dichter, der die religiöse Vorstellung von der Hölle kritisiert, scheut sich nicht, bis in den Abgrund der Geschichte und des Menschen hinabzugehen. Beim Lesen der Werke, die du mir aus dem Libanon mitbringst, frage ich mich: Wie kommt es, dass ein Desaster, wie wir es heute erleben, nicht eine große Literatur hervorgebracht hat? Entweder gibt es einen Erstarrungseffekt, der das Nachdenken über das Desaster behindert, oder der Araber ist dermaßen zerrissen, im Konflikt mit dem Vater, der Mutter und sämtlichen vom religiösen Diskurs sakralisierten Figuren, dass er nicht diesen psychischen Luxus aufbringt, eine Literatur hervorzubringen.

A: Beides trifft zu. Beide Ideen könnten den Zustand der arabischen Kultur erklären. Und deshalb sage und wiederhole ich Die herrschende arabische Kultur ist eine Sache für die Psychologie. Sie ist ein fruchtbares Feld für die Psychoanalytiker.

H: Meine Vorfahren träumten von einem Marx, wir brauchen eher einen Freud. Ich verstehe, warum Freud bislang keinen Eingang in die intellektuellen Sphären der arabischen Welt gefunden hat.

A: Die Psychoanalyse ist ihrem Wesen nach antireligiös. Sie ist Erforschung und Lobgesang der Subjektivität.

H: Du sagtest mir, dass du begonnen hast, das Jenseits des Al-Kitâb zu schreiben.

A: Ja. Das ist mein Testament. Mein Testament in poetischer Form.

H: Warum das Jenseits des Al-Kitâb?

A: Ich kann und mag nicht über mein Werk sprechen. Aber seit Ath-thâbit wa'lmutahawwil (Das Feste und das Bewegliche) versuche ich, eine neue Lesart unseres Korpus zu erfinden, und die Wissenschaftler und Leser zu einer kritischen Sicht zu ermuntern. Ich entdeckte, dass unsere gesamte Geschichte verfälscht und erdichtet war, und das diejenigen, die die arabische Zivilisation und ihre Größe schufen, verbannt, verurteilt, verstoßen, eingesperrt, ja gekreuzigt wurden. Diese Zivilisation muss neu gelesen werden: mit einem neuen Blick und einer neuen Menschlichkeit.

H: Um mit den Worten von Michel de Certeau zu sprechen, du lädst uns ein, die Geschichte als Legende in die Geschichte im Sinne einer Erinnerungsarbeit umzuschreiben. Es bedarf Mut, um sich, wie Freud es nannte, von den „Märchen der Religion“ zu lösen.

A: Freud war ein bedeutender Mann, ein Neuerer, der großen Mut bewies. Es bedarf in der Tat Mut und Ehrlichkeit, um eine Geschichte voller Lügen, Erdichtungen und Fälschungen neu zu lesen.

H: Adonis! Du bist Autor eines monumentalen Werkes, du wirst bewundert und bist weltweit bekannt und anerkannt. Du liebst Orpheus! Orpheus verlor Eurydike. Was hast du verloren?

A: Folgende Frage treibt mich um: Ging Orpheus nur deshalb in die Hölle, um Eurydike zu sehen?

H: Wir beschäftigen uns unaufhörlich mit den verschiedenen Facetten des Mythos. Und wie du sagst, ist der Mythos eine ewig offene Frage. Aber du, was hast du verloren? Als Psychoanalytikerin muss ich hier an den ersten Objektverlust denken. Zu meinen, es ginge hier um den Verlust der Mutter als ödipales Liebesobjekt, würde jedoch die Psychoanalyse und den Verlustbegriff bagatellisieren.

A: Man muss zwischen der lebenden Mutter, der Mutter als Anwesenheit, und der Mutter als Symbol, Idee oder Phantasie unterscheiden. Ich habe die Gegenwart der Mutter, ihre Körperlichkeit verloren, doch ich bin reicher geworden durch die Umwandlung dieser verlorenen Gegenwart in ein Symbol und in Fantasie. Sie ist derzeit präsenter denn je, und demzufolge bin ich reicher an ihr, sie ist in mir, mehr denn je.

H: Diese Verwandlung hat dich stets begleitet. Die Tränen deiner Mutter wurden zur Tränenbrücke in deinem Gedicht. Wie ich schon sagte, habe ich bei dir nie eine irgendwie geartete Melancholie herausgelesen. Im Gegenteil, dir gelingt es, das kleine Holzstückchen, den Kieselstein oder die Tränen deiner Mutter in poetische Gestaltung zu verwandeln.

A: Was mich betrifft, so kann ich nicht von einer durch Verlust hervorgerufenen Melancholie sprechen, sondern eher von einer Bewegung stetigen Hinterfragens: „Wer bin ich?" Ich glaube, das ist die wichtigste Frage meines Lebens. Das ist die Frage meines Daseins im Leben. Wie wurde mein Leben auf diese Art gebaut? Welche Rolle spielte der Zufall in meinem Leben? Mein ganzes Leben war in Wirklichkeit eine einzige Abfolge von Überraschungen und Zufällen. Etwas Außergewöhnliches waltete in meinem Leben. Doch heute spüre ich, dass mein Alter mir entrinnt. Mir ist es nicht gelungen, es in eine andere Kindheit zu verwandeln.

H: Ich wollte diese schöpferische Dynamik verstehen, die dich von Beginn deines Werks an lenkt. Worauf fußt sie?

A: Ich verlor meinen Vater und viele meiner Freunde. Meine Träume werde ich wohl nicht mehr verwirklichen können.

H: Ist das eine eingestandene Niederlage?

A: Das ist eine geträumte oder hypothetische Niederlage.

H: Du sprichst vom unvollendeten Werk?

A: Ich spreche von der Nichtvollendung. Es gibt in dieser Welt nichts zu verlieren. Dem Verlust sollte keine soziologische oder politische Bedeutung beigemessen werden. Ja, ich habe meine Heimatstadt, mein Haus, meine inzwischen verstorbenen Freunde verloren. Aber das ist nicht der wahre Verlust.

Denn im poetischen Sinne gibt es in dieser Welt nichts, was den Namen Verlust verdient. Man wird hineingeworfen und ist im Voraus verloren. Der große Verlust bin ich selbst im Voraus, denn ich wurde in die Welt geworfen ohne vorher gefragt worden zu sein. Ich hatte keine Wahl.

H: Als Psychoanalytikerin könnte ich hier beispielsweise an den Verlust der mütterlichen Brust denken. Dennoch sagte ich mir, wenn ich dich höre, dass der Verlust nicht objektiviert werden sollte.

A: Der Verlust der Brust ist kein wahrer Verlust. Im Gegenteil, er ist ein Gewinn. Ich habe die poetische Freiheit, diese Erklärung zurückzuweisen.

H: Du hast Recht. Der Dichter ist dem Analytiker immer voraus. Die Nicht-Trennung von der Brust ist eine psychische Katastrophe. Kommt es deiner Freiheit als Dichter näher, wenn wir sagen: Der Verlust ist die Tatsache, dass das Wort niemals das sagen kann, was der Mensch wirklich empfindet.

A: Du kommst der Sache nahe. Vielleicht ist der Verlust diese Ohnmacht der Sprache oder die Ohnmacht des Menschen, in den Kern der Sache zu dringen. Und meine Ablehnung der Religionen und der Ideologien rührt daher, dass diese vorgeben, die absolute

Wahrheit zu sagen. Dabei handelt es sich um einen großen Mangel. Es handelt sich um einen Mangel und nicht um einen Verlust. Es gibt immer einen Mangel.

H: Wenn es etwas Großes gibt, dann in den Dingen. Das Wort ist seinem Wesen nach ohnmächtig. Nicht wahr?

A: Das ist gut gesagt. Das religiöse Denken sagt das Gegenteil: Das Wort sagt das Ding ein für alle Mal. Und aus diesem Grund meine ich, dass der Islam die Sprache beschränkt hat. Die Sprache vor dem Islam war schön und frei. Der Islam hat ihr die Breite, den Umfang und die Endlosigkeit genommen. Ein Wort kann nämlich nie eine Sache ein für alle Mal sagen. Ich nenne das eine Kränkung.

H: Ist das „die Kränkung des Wortes", wie Abdelkebir Khatibi es nannte?

A: Das ist vielmehr die Kränkung der Welt.

H: Nun erfasse ich deine Kritiken gegenüber den monotheistischen Texten und ihrer einseitigen Lesarten besser. Außer den Geboten lehnst du eigentlich auch den Triumph des Wortes ab.

A: Die Religion schummelt, wenn sie die Allgewalt des

Wortes predigt. Darin ist sie ein Verrat am Menschen.

H: Was du seit Ath-Thâbit wa'l mutahawwil anprangerst, ist die Souveränität des Wortes.
A: Ich sage es noch einmal: Die Poesie ist, wie der Mythos, eine Frage. Die Religion ist eine Antwort.

H: … die das Verhängnis der Frage ist.

Eine mögliche Schlussfolgerung

H:Ich denke an den Titel eines Romans von Alan Paton, eines südafrikanischen Schriftstellers: Denn sie sollen getröstet werden. Das war 1948. Inzwischen wurde die Apartheid abgeschafft. Ich möchte also die Hoffnung behalten.

A: Was sich seit 2011 in den arabischen Ländern abspielt, ist eine Rückkehr zur Unmenschlichkeit, zur Brutalität. Menschen werden umgebracht, um sie zu bestehlen, weil sie eine andere Meinung haben, keine Sunniten sind oder andersgläubig sind. Das zeugt von einem Hass auf alles Menschliche. Diese Praktiken und das Schweigen der Muslime darüber zeigen, dass sie, wie ich es bereits sagte, fest davon überzeugt sind, dass der Islam die einzig wahre Religion, die vollendete Religion ist, die Gott für Seine Gläubigen auserwählt hat. Als wäre es unmöglich, ohne den Islam zu leben. Aber wie kann man nur denken, dass die Welt ohne den Islam sinnentleert wäre?

H: Die Ereignisse von heute werfen Fragen über

jene von gestern auf. Aber ich möchte für die kommenden Generationen lieber die Hoffnung bewahren. Dieses Buch soll dazu beitragen.

A: Du hoffst zu Recht. Doch stellen wir uns folgende Fragen: Kann sich der Araber vom herrschenden Islam lösen oder befreien? Und kann sich die arabische Sprache vom Text der Offenbarung befreien? Kann es eine andere Lesart des Islam geben, eine Lesart, die die unterschiedslose Gleichheit zwischen den Menschen fordert? Können wir eine Lesart haben, die von der Religion spricht, ohne sich für die Wahrheit schlechthin zu halten? Die erzwungene Wahrheit ist eine Zerstörung des menschlichen Bewusstseins und des Lebensgefühls. Und eine Gesellschaft ohne freie Meinungsäußerung ist keine menschliche Gesellschaft. Der Mensch ist Mensch, weil er das Recht auf Freiheit, Wissen und Erkenntnis hat. Ihm dieses Recht zu nehmen heißt, ihn seines Menschseins zu berauben.

H: Verschiedene Autoren beginnen jedoch die Fundamente unserer Kultur zu hinterfragen.

A: Die von unseren Chronisten geschriebene Geschichte ist eine Sammlung von Legenden und Erzählungen, die das Denken und die Wissenschaft negieren. Es gibt tatsächlich Autoren, die sich nach und nach dieser Aufgabe annehmen. In der arabischen Welt bislang ausgesparte Themen und Fragen müssen neu überdacht und einer radikalen und freien Aufarbeitung unterzogen werden. Du hast erwähnt, dass Werke wie die vom Emir Abd el-Kader in seinem eigenen Land nicht hinreichend verbreitet werden. Hier drängen sich Fragen auf: Wie erklärt sich der Verlust des mystischen Denkens und der Spiritualität in der arabischen Kultur von heute? Diese Frage ist wichtig und unumgänglich für jeden, der diese Kultur wirklich verstehen will.

H: Es muss über die Triebgrundlagen der islamischen Gründung nachgedacht werden. Daesch bringt uns in Erinnerung, was wir verdrängt und vernachlässigt haben.

A: Ich habe die Hoffnung, dass Daesch der letzte Aufschrei dieses Islam ist. Wie eine Kerze, die vor dem Erlöschen noch einmal aufflammt. Genau das geschieht derzeit in der arabischen Welt. Die Araber vernichten sich untereinander. Man köpft den Anderen, man rottet ihn aus demütigt ihn. Daesch rottet die Schiiten, die Jesiden, die Sunniten aus. Das ist abscheulich. Ich möchte nicht mehr darüber sprechen, was arabische Geschichte genannt wird. Ich kann nicht mehr über die Araber sprechen, ausgenommen auf dem Gebiet der Poesie. Den Arabern ist es nicht einmal gelungen, einen Staat zu errichten oder eine Zivilgesellschaft zu schaffen. Es ist schwer zu verstehen, wie die Geschichte der Araber zu dem werden konnte, was sie geworden ist. Aber ich bin der Meinung, dass der Araber nicht einfach die Geschichte der vergangenen fünfzehn Jahrhunderte so weiterführen kann wie bisher. Wir müssen einsehen, dass Völker und Kulturen untergehen können. Diese Umma besitzt auf keinem einzigen Gebiet der menschlichen Zivilisation irgendein schöpferisches Potential. Die Araber sind der Welt entrückt. Tot.

H: Könnten wir nicht dennoch ein Fünkchen Hoffnung bewahren und uns Nietzsches Worte zu eigen machen: "Man muss noch Chaos in sich haben, um einen tanzenden Stern gebären zu können"? Dieses Desaster wird uns vielleicht dazu anspornen, über unsere Geschichte nachzudenken.

A: Das Chaos ist vorhanden. Vielleicht schaffen die jungen Generationen einen anderen Raum, und brechen radikal mit dem arabischen Kontext. Vielleicht gelingt es ihnen, eine andere Geschichte und eine andere Welt zu schaffen. In diesem Sinne können wir von Hoffnung sprechen. Doch wird es auf der Grundlage der arabischen Vergangenheit keine Hoffnung mehr geben. So, wie es Menschen gab, die sich im Laufe der Geschichte durch ihre Kreativität auszeichneten, wird es immer wieder Menschen geben, die eine andere Welt oder sogar einen anderen Islam hervorbringen. Warum nicht? Aber nicht in der Kontinuität. Es bedarf eines radikalen Bruchs.

H: Der Araber ist auf alle Fälle gezwungen, darüber nachzudenken und Schlussfolgerungen daraus zu ziehen. Er hat keine Wahl.

A: Der Muslim muss begreifen, dass er nicht weiterhin nur ein Rädchen in der riesigen Maschinerie der Gemeinschaft sein kann. Zum Glück beginnt eine Bewegung in der arabischen Welt, die das Recht auf Atheismus und die Freiheit einfordert, keiner Religion anzugehören.

H: In Marokko demonstrierten Jugendliche für das Recht, nicht zu fasten. Denn bislang gilt, wer nicht fastet, muss mit einer Gefängnisstrafe rechnen. Es musste wohl erst Daesch kommen, damit endlich über die Vergangenheit und die Gründungstexte des Islam nachgedacht wird.

A: Durch das derzeitige Desaster kann die Entstehung eines neuen Bewusstseins beschleunigt werden. Der Preis dafür ist jedoch sehr hoch.

H: Wenn du „beschleunigen" sagst, dann denke

ich an Boris Vian: „Hoffentlich bleibt mir die Zeit." Das ist sehr traurig. Als ich eingeschult wurde, gab es noch die Hoffnung auf eine bessere Zukunft. Aber wir richteten den Blick auf eine Zukunft mit der Weltsicht der Alten, wie Rusâfi, der von der Lokomotive spricht, wie die Alten von der Kamelstute sprachen. Ich habe mitunter das Gefühl, dass das Studium, anstatt Generationen zu befreien, die Spaltung des Ich verstärkte.

A: Deshalb muss unsere Kultur einer wahrhaft kritischen Betrachtung unterzogen werden. So einen Rückschritt gab es in der Geschichte der Menschheit noch nie. Denken wir an das Volk und nicht an die zahllosen Naturschätze, so ist die Lage der arabischen Welt katastrophal. Natürlich sterben die Völker aus, doch auf noble Art und Weise. Unser Tod hingegen ist erniedrigend. Der Islam ist auf eine Art Getreidespeicher reduziert, aus dem sich der Muslim bedient. Es bedarf eines Strukturwandels.

H: Es gibt Gewalt in den unantastbaren Korantexten und die Gewalt des Westens als politische Institution, die eine wichtige Rolle bei der Ausschaltung der arabischen Linken spielte.

A: Das ist ein weiterer Beweis dafür, dass die heutigen Araber die uneingeschränkten Verbündeten derjenigen sind, die sie über Jahrhunderte hinweg unterdrückten: Frankreich, England und die Türkei. Sie gehen auf Schmusekurs mit denjenigen, die sie umbrachten. Die heutigen Kriege zwischen Sunniten und Schiiten sprechen Bände über das Ausmaß der Katastrophe. Sie sind alle miteinander verfeindet. Das ist sinnlos. Der Jemen erleidet die schlimmsten Angriffe.

H: Es gilt, über Brudermord und Geschichtsaufarbeitung nachzudenken. Der Jemen ist das Land der Königin von Saba. Wirtschaftlich hing Mekka von diesem Teil der Arabischen Halbinsel ab.

A: Das „mémoire-passé", das Vergangenheitsdenken, ist eine klaffende Wunde, eine Katastrophe innerhalb der arabischen Welt; kulturell obskur, menschlich brutal, moralisch erniedrigend. Es ist eine emotionale und geistige Verwundung.

H: Abdul Rahman Munif, besteht in Rihlatu daw' (Reise eines Lichtes)[111] auf eine nicht entliehene Geschichtsschreibung, die eigene Antworten auf eigen gestellte Fragen geben würde: Die Geschichte, meint er, sei keine Ansammlung vergangener Ereignisse, sondern ein Hier und Jetzt, das Ausdruck unserer Entscheidungen und Fähigkeiten ist, die Gegenwart in eine bessere Zukunft zu verwandeln.

111 Abdul Rahman Munif: Rahlatu daw'. Libanon, 2008.

A: Die heutige arabische Gesellschaft ist ein Gefüge aus Gewalt- und Folterinstitutionen, von „verdorbenen“ Institutionen, um mit den Worten von Michel de Certeau zu sprechen. Und der muslimische Araber lebt nicht wie ein freier und kultivierter Mensch, sondern wie eine Maschine oder eine Nummer in einer Masse, die sich „Gruppe“, „Gemeinschaft“, „Konfession“ oder „Stamm“ nennt. Der arabische Intellektuelle hat die Aufgabe, nicht etwa die Erinnerung zu bewahren, sondern uns vor der Vergangenheit und der Erinnerung zu bewahren.

H: In der Erinnerung wird wie ein Klotz bewahrt, was nie reflektiert wurde, da durch Gebote und eine singende Sprache geheiligt, was wiederum in der Psyche Spaltung, Marter und Untertänigkeit hervorruft. Die psychologische Dimension wurde schon immer verschleiert. Dabei wäre gerade sie wichtig, um der Sakralisierung ein Ende zu setzen. Diese Sakralisierung stellt selbst eine Gewalt dar, da sie uns die Möglichkeit nimmt, einen überbrachten, aber nicht reflektierten Korpus zu entidealisieren.

A: Die Psychoanalyse wird eines Tages, so hoffe ich, die Legende dekonstruieren, auf der der Islam beruht. Doch das soll in einem anderen Gespräch weitergeführt werden.

Ein letztes Wort

Gegen den Essenzialismus:

Der Fortschrittsbegriff in der islamischen Konzeption vom Menschen und der Welt

Die im Islam herrschende Idee vom Menschen und der Welt basiert auf drei Säulen.

Die erste: Die islamische Prophezeiung ist die letzte der Prophezeiungen. Und der Prophet des Islam ist das Siegel der Propheten. Er selbst sagte: Nach mir gibt es keinen Propheten mehr.

Die zweite: Die von dieser Prophezeiung übermittelten Wahrheiten über die himmlische und irdische Welt sind unleugbare Wahrheiten. Es gibt keine andere Wahrheit, die sie leugnen könnte. Akzeptiert wird dagegen, was nicht im Widerspruch zu diesen Wahrheiten steht oder sie nicht anficht.

Drittens: Der Mensch kann das Offenbarte weder abwandeln noch ändern. Er hat lediglich die Pflicht zu glauben, zu gehorchen und auszuführen. Wenn wir diese Logik noch etwas weiterführen, können wir sagen, dass Gott selbst nichts mehr zu offenbaren hat. Er hat zu seinem letzten Propheten das letzte Wort gesprochen: „Der Islam ist die Religion." Wir verstehen den Satz folgendermaßen: „Der

Islam vernichtet, was vor ihm war, es sei denn, es steht mit ihm in Einklang." Alles, was nicht mit ihm in Einklang steht, verwirft er. Wenn der Islam sich von allem, was vor ihm war, befreit, dann befreit er sich auch von allem, was nach ihm kommt. Die Religion ist das Maß dessen, was vor ihm kam und was nach ihm kommt.

Der vollkommenste Mensch ist, Gott zufolge, der Muslim, der in die muslimische Religion vollständig eintaucht. Ausgehend von dieser Logik verstehen wir nun, dass die Vernunft durch die Offenbarung bestimmt wird: Die Vernunft des Muslimen negiert die vorausgehende Vernunft. Da er seine Meinungen und Kriterien aus der Offenbarung schöpft, negiert er ebenfalls alle vorherigen und künftigen Meinungen.

So sieht man, dass der Mensch, dieser Idee folgend, sein Wesen lediglich aus der islamischen Offenbarung bezieht. Der Islam definiert dieses Wesen, das von Gott und nicht vom Menschen selbst kommt; von der Offenbarung, und nicht von der Kultur, den Erfahrungen, vom Leben; von Gottes Wort und nicht vom Wort der Menschen.

Nehmen wir die von Sartre formulierte Auffassung von der Beziehung zwischen Essenz (Wesen) und Existenz, der zufolge die Existenz der Essenz vorausgeht. Wir beobachten das Gegenteil in der islamischen Auffassung, der zufolge die Essenz der Existenz vorausgeht, da das Wesen des Menschen gottgegeben ist. Der Islam ist die wahre menschliche Natur. Und in diesem Sinne ist klar, dass der Islam ein Essenzialismus ist. Das könnte erklären, dass der andere, der Nicht-Muslim, der islamischen Auffassung nach die Wahl zwischen zwei Identitäten hat: Entweder ist er ein Ungläubiger, und muss also ausgestoßen oder getötet werden; oder er lebt unter der Herrschaft des islamischen Regimes, und in diesem Falle zahlt er den Tribut.

Wenn das Wesen des Menschen seiner Existenz vorausgeht, bedeutet das, dass der Mensch seine Persönlichkeit nicht selbst bildet; er hat keinerlei Einfluss auf die Weltordnung. Er versucht in seinem Leben und seinem Handeln den durch den Propheten und seinen engsten Gefährten dargestellten Prototypen nachzuahmen. Das Leben des Muslims wird nicht gekennzeichnet durch Gestaltung, sondern durch Nachahmung und Wiederholung. Es gibt keine Freiheit für den Menschen, nur die Aufforderung zum Nachahmen. Jegliches selbstbestimmte Gestalten ist Häresie. Jegliche Häresie führt in die Hölle.

Der Imam Shâfi'î äußerte sich folgendermaßen dazu: „Derjenige, der den Koran in seiner eigenen Art interpretiert, irrt, selbst wenn er Recht hat." Das Individuum hat diesbezüglich keine Meinung zu haben, dies ist lediglich der Gemeinschaft vorbehalten. Doch ist der Mensch, wie Sartre sagte, zwangsläufig frei, weil sein Wesen die Freiheit ist. Der islamischen Sicht folgend, ist der Mensch dagegen zwangsläufig Nachahmer und muss die Tradition wahren. Er hat keinerlei Freiheit. Er ist gezwungen zu leben, zu denken und zu wirken, indem er sein Wesen als Muslim lebt. Der Mensch kann ohne den Islam kein Mensch sein. Muslim sein heißt: jegliche Individualität abzulegen und in der Gemeinschaft unterzugehen. Im Islam gibt es keine Subjektivität.

Der Fortschritt aber ist vor allem ein Projekt. Er ist seinem Wesen nach ein menschliches Werk. Der Mensch ist im Sinne der humanistischen Tradition selbst ein Projekt, und Sartre gilt als dessen bedeutendster moderner Vertreter. Jegliches Projekt fordert, sich von der Vergangenheit zu lösen und sich in der Gegenwart der Zukunft zuzuwenden. Jeglichem Projekt ist eine Zukunftsvision inne, eine Bewegung zum Schöneren und Menschlicheren. Sagen wir es mit Sartre: „Der Mensch ist Bewegung auf die Zukunft hin.“ Er schafft selbst sein Wesen, indem er ohne Zwang, vor allem ohne religiösen Zwang, sein Projekt durchsetzt.

Im Islam ist die Bewegung zwangsläufig auf die Vergangenheit gerichtet. Die Zukunft hat keinen Sinn und existiert lediglich im Lichte der Vergangenheit: Die Vergangenheit ist die Zukunft der Gegenwart.

So ist „Fortschritt“ im islamischen Sinne als bloße Imitation dieses Ideals des Vergangenen zu verstehen. Die Vergangenheit ist der Ort der Wahrheit. Anders gesagt: Sich in Richtung Fortschritt zu begeben, heißt, die Zukunft ausgehend von der Vergangenheit zu islamisieren. Das Fortschrittsprojekt aus islamischer Vision heißt, die Welt zu islamisieren.

So verstehen wir, warum der Islam eine eng mit der Macht verbundene Religion ist. Diese Macht ist im Wesentlichen religiös, und läuft dem zivilen, säkularen Leben zuwider. Der Islam ist eine Bewegung, die darauf abzielt, das irdische Leben in Religion zu verwandeln: Die Kultur in ihrer künstlerischen, wissenschaftlichen und menschlichen Form wird zur Aufrechterhaltung dieser Macht instrumentalisiert. So glaubt der Muslim, dass er immer im Lichte des Ursprungs lebt. Er löst sich von der Zeit, um auf die Ewigkeit des Paradieses zuzustreben.

Das Paradoxe ist, dass die Völker, die unter dem islamischen Einfluss lebten, trotz der religiösen Zwänge Großes leisteten. Es gab Fortschritte im Leben, in der Dichtung, in der Kunst, im Denken, der Philosophie und Wissenschaft, obwohl sich diejenigen, die den Fortschritt herbeiführten, stets an diesen Zwängen rieben. Einige von ihnen bezahlten mit ihrem Leben oder der Zerstörung ihrer Werke oder mit ihrer Ausgrenzung.

Dabei fällt auf, dass unter diesen Menschen, vor allem in der Philosophie und Dichtung nicht ein einziger Anhänger des traditionellen Islam, des Islam der Macht, zu finden ist. Es gibt in diesen vierzehn Jahrhunderten keinen einzigen großen Dichter oder großen Philosophen, der an den Islam der Macht oder den Islam des Gesetzes glaubte.

Alle waren mehr oder weniger mit den Worten des großen Dichters al-Maarri einverstanden: „Es gibt zwei Sorten Menschen auf Erden. Diejenigen, die eine Religion haben und keine Vernunft; diejenigen, die keine Religion haben und eine Vernunft.“

So gesehen kommen aus diesem Grunde der Sinn und das Wesen des Menschen nicht von seiner Menschlichkeit, sondern von seiner Religion – und zwar dem Islam. Und wenn ein Muslim seiner Religion abschwört, verliert er das Wesen als Mensch. Er wird gerichtet oder getötet. Der Mensch wurde geschaffen, um Muslim zu sein und dem Islam zu dienen.

Um es noch zu vertiefen: Das derzeit herrschende Konzept im Islam vermittelt weiterhin den Glauben, dass der Islam der einzige Raum für Wahrheiten ist. Das Problem bestünde vielleicht nicht in diesen Wahrheiten selbst, wenn sie lediglich individuell wären und nur das Individuum beträfen. Das Problem besteht darin, dass diese totalisierenden und geschlossenen Wahrheiten dem kulturellen, sozialen und persönlichen Leben auferlegt werden. Sie stellen die absoluten Kriterien zur Errichtung einer Gesellschaft dar, selbst wenn es in dieser Gesellschaft andere Komponenten, andere Religionen gibt.

Die Wahrheit im Islam ist eine Gemeinschafts-Wahrheit. Sie kommt nicht vom Geschöpf, sondern vom Schöpfer. Sie ändert sich also nicht. Sie wird in ihrer Totalität und Endgültigkeit wie ein Vermächtnis von Generation zu Generation weitergegeben. Ihr Sinn begründet das Geheimnis der Existenz. Wird sie aufgegeben, ist die Existenz selbst am Ende. Ohne diese Wahrheiten hat sie keinen Sinn. So können der Dschihad oder das Märtyrertum als Ausdruck dieser sinnstiftenden Wahrheiten verstanden werden. Sie zu verteidigen, heißt Gott zu verteidigen, und die Existenz womöglich auch gegen die Existenz selbst zu verteidigen.

Betrachtet man die Wahrheit als individuelle Frage, die nur den angeht, der an sie glaubt, kann das als Ausdruck der Freiheit gelten. Definiert man sie als gesellschaftlich oder allumfassend, und verpflichtet sie die gesamte Gesellschaft, ist sie vom Gesetz vorgeschrieben, und wird deshalb zur Gewalt. Daran zu glauben bedeutet Unterwerfung. In diesem Moment besitzt nicht die Gesellschaft die Wahrheit, sondern die Wahrheit besitzt die Gesellschaft. Der Text steht über der

Wirklichkeit. Er wird Herr über die Wirklichkeit, die zu seinem Sklaven wird. Die Wahrheit wird zu einem fortwährenden Krieg gegen das Denken und gegen den Menschen – gegen die Wahrheiten der anderen.

Der Fortschritt wäre, in dieser Perspektive, eine vollständige Nachahmung des Ursprungs. Die Nachahmung ist der westlichen Tradition zufolge, von Aristoteles bis Hegel, bedeutungslos, solange sie keine Vervollkommnung hervorbringt. Etwas Nachahmen, das heißt, das Nachgeahmte zu vervollkommnen. Sonst wäre die Nachahmung nur eine oberflächliche Kopie und Deformation. Diese Nachahmung und Deformation ist es, die die Araber heutzutage erleben.

Der Fortschritt ist ein menschliches Werk, das auf Gestaltung und Erfindung beruht. Er ist eng mit der Zukunft verbunden. Die Kultur, die die Zukunft nur als Kopie der Vergangenheit betrachtet, sieht den eigentlichen Fortschritt nicht. Solange die arabische Gesellschaft von einer derartigen Vision beherrscht wird, müssen wir feststellen, dass lediglich der Rückschritt fortschreitet.

Der Mensch ist seinem Wesen nach ein kreatives Wesen. Er strebt stets danach, weiterzukommen, im Leben, in der Gesellschaft und selbst in der Sprache. Die Zukunft ist der Raum, in dem sich die Kräfte,

die Energien des Menschen bündeln, um das Universum besser zu bewältigen, und seine Geheimnisse besser zu verstehen.
Der derzeitige Zustand macht eine neue Lesart des Islam und der Kulturen der Völker erforderlich, die unter der Ägide der islamischen Macht lebten; es bedarf auch einer neuen Lesart der arabischen Kultur insgesamt, der der Neuschreibung der Geschichte; es bedarf auch der Schaffung neuer Beziehungen zwischen den Worten und den Dingen, dem Menschen und der Welt, dem Menschen und dem Fortschritt.

Text von Adonis

Glossar

Für die gängigsten Begriffe wurde die deutsche Schreibweise übernommen:

'ard: Ehre

'adhrâ: Jungfrau (weiblich)

âlat: Maschine

al-badan: der Körper in seiner erogenen Dimension (vgl. *al-jism/dschism*)

al-ghussâq: kochendes Wasser für die Folter

Idschma/ al-ijmâ': Konsens

al-jism/dschism: der Körper

al-lugha al-umm: la langue-mère, die Muttersprache, Erstsprache

an-nâr: das Feuer

an-nisâ': die Frauen

Ansâr: die Einwohner von Medina, die Mohammed empfingen und unterstützten

'aṣr an-nahḍa: die Renaissance

batsh: Unterdrückung, Tyrannei

burqa: Ganzkörperschleier

charia/ Scharia: Korpus der islamischen Rechtsnormen

djihad/ Dschihad: heiliger Krieg

faqîh: Rechtsgelehrter

fatwa: Edikt, Erlass

fiqh: Rechtswissenschaft

Firaq bâṭinîya oder *Batanîten*: Bewegung, die in den Jahren 205, 250 oder 276 der islamischen Zeitrechnung aufkam und aus der mehrere Gruppierungen, darunter die Qarmaten, hervorgingen. Sie wurden als Häretiker angesehen.

fitna: Krieg zwischen den Muslimen

fuqahâ': Theologen

futûḥât: die Eroberungen

ghanâ'im: Kriegsbeute

ghassa: Speise, die zur Folter eingesetzt wird

ghurba: Entfernung, Exil

Ḥadîth: überlieferte Worte und Handlungen Mohamads

ḥarth: Acker

hâwiya: Abgrund

ḥurûb ar-rida: Apostasiekriege

huri: Frauen im Paradies

ijtihâd: Auslegungstätigkeit der islamischen Rechtsgelehrten

ilâh: Gottheit

istibâḥa: Libertinage

Jabbâr: der Allmächtige

Jahannam/ Dschahanamm: Hölle, Dschahanamm

Jâhilîya: vorislamische Zeit

Janna/ dschanna: Paradies

kufr: Ungläubigkeit

laẓâ: Hölle

Mu'allaqât: vorislamische Dichtung

Mu'taziliten: Denkrichtung, die in der ersten Hälfte des 2. Jahrhunderts der Hidschra in Basra entstand und zu einer der wichtigsten Glaubensschule wurde

Umma: die Gemeinschaft der Gläubigen

Qarmaten: politische Oppositionsbewegung unter der Fatimidenherrschaft, im vierten Jahrhundert der Hidschra

Quraisch: der Stamm von Mohammed

raḥma: Erbarmen, Barmherzigkeit

râwiya: Erzähler

saby: Kriegsgefangenennahme

saqqâr: Höllenfeuer

Saqîfa: Ort nahe Medina, wo nach dem Tod Mohammeds über dessen Nachfolge diskutiert wurde

Saqîfa: Ort nord-westlich der Moschee von Medina, wo die Muslime nach dem Tod von Mohammed versammelten, um den neuen Anführer der muslimischen Gemeinschaft zu bestimmen.

shar': das Gesetz

sinnu l'ya's: Menopause

tâbi': Anhänger, Schüler der muslimischen Doktrin

Wahhabismus: saudische politisch-religiöse Bewegung, die im 18. Jahrhundert von Mohamad Ibn Abdelwahab begründet wurde und die sich für einen sittenstrengen Islam ausspricht

wathan: Götze

Zinj/ Sinjara: „die Schwarzen"; die Revolte der Sinjara fand im Jahr 255 der Hidschra unter der Herrschaft der Abbassiden statt